JN100944

事業戦略実践
ガイドブック

ケースで学ぶ価値創造と利益獲得の方法

坂本雅明 Masaaki Sakamoto

同文舘出版

はじめに

　本書は，前著『事業戦略策定ガイドブック』の続編です。

　2016年に前著を出版させていただきましたが，無名の凡人が書いた本を手に取ってくれる人がいるのか不安でした。しかし，おかげさまで2020年時点で19刷を重ねるまでにご好評をいただくことができました。

　読者やいくつかの出版社から続編を出して欲しいというお声をいただきましたが，前著で精根尽き果ててしまい，全く考えられませんでした。

　考えが変わったきっかけは，2020年4月に桜美林大学ビジネスマネジメント学群に着任したことです。同校は実学的な教育を志向しているため，企業の具体的な戦略をベースにカリキュラムを作り上げました。その内容をもとにして，社会人の方々に役立つような書籍，前著を補完するような書籍を出版したいという欲が出てきたのが，本書執筆の背景です。そして，前著でリスクを取って私に賭けてくださった同文舘出版の門を叩きました。

　前著が戦略策定プロセスに焦点を当てているのに対して，本書は具体策を重視しています。そういう意味では，前著よりも実践的だといえます。ただし，学術的な理論からは逸脱しないようにしています。また前著同様に事例をふんだんに使っていますが，できるだけ最近の事例にするよう努めました。

本書のターゲット読者は，企業でマネジャーになったばかりの方々です。マネジャーは非連続的な変化を遂げる必要があります。それまでは自分の力で成果を出せばよかったのですが，マネジャーになってからは部下を通じて組織的により大きな成果を上げることが求められます。過去の能力が通用しなくなるこの踊り場で，もがき苦しむマネジャーがたくさんいます。

　その状況から抜け出すために身につけるべき能力のひとつが，事業戦略です。組織として成果を上げるためには，預かった部下や予算を効果的に活用して成果を上げるという発想が欠かせません。

　本書は多くの方々のご支援・ご協力の賜物です。一橋大学のMBA で学んだ戦略論や企業経済学などからは本書のコンテンツに関する多くのヒントをいただき，東工大の博士課程は徹底的に理屈で考え抜く習慣を授けてくれました。また，クライアント企業の方々や東京都立大学ビジネススクールの社会人学生とのディスカッションによって本書に実践的な厚みを加えることができ，桜美林大学の大学生に授業をする機会をいただいたことで難しいことをかみ砕いて分かりやすく説明するという基本に立ち返ることができました。

　同文舘出版の青柳裕之氏と大関温子氏には，これまでの2冊同様に，適切なアドバイスと献身的なサポートをいただきました。この場を借りて，御礼申し上げます。

2020 年 11 月

坂本　雅明

目　次

序章　本書のねらいと構成

第 1 部　顧客価値の創造

第 1 章　市場機会の探索

第2章　顧客価値と顧客満足

第3章　価値選択による差別化

第 11 章　経営資源の獲得

本書のねらいと構成

　神奈川県の鶴巻温泉に，陣屋という温泉旅館があります。かつてはサービスレベルが低く，1万4000円のプランも値引き圧力によって9800円で提供せざるを得ない状況でした。10億円の負債を抱えたこの旅館を2009年に引き継いだ4代目女将がコスト削減を進めるも，スタッフが疲弊するだけでした。その結果，忙しくても儲からないことで離職率が高まり，仕事を教えてもすぐに辞めてしまうという悪循環に陥ってしまいました。

　従業員が減るなかで仕方なく行ったことは，旅館を週に3日間も閉めることです。稼働率の低い月火水を休みにして，従業員は完全週休2日制にしました。ところがここから経営が好転しました。光熱費やアルバイトの費用が削減されるだけでなく，設備増強やメンテナンスが計画的に実施できるようになりました。そうした効率面よりも大きかったのは，サービス品質です。十分な準備ができるようになったため，おもてなしの質が高まりました。臨時のアルバイトが減り，顧客情報の共有や連携もスムーズになりました。さらには従業員が宿泊料の安い月曜日や火曜日に他の旅館に泊まれるようになり，好事例を学ぶことができるようになりました。

　こうした結果，定休日以外の稼働率が向上し，宿泊単価も9800円から3万5000円に上昇し，利益は2倍になりました。それだけ

でなく，社員の年収は4割も増え，離職率も33%から4%に大幅に低下したといいます[1]。

1 戦略とは

　戦略の定義は様々あり，学者の数だけあるともいわれています。ここでは難しい議論を交わすつもりはありません。本書では戦略を「頭を使って賢く儲ける方法」，少し砕けた表現を使えば「できるだけ楽をして儲ける方法」と定義します。

　どの学者の定義であっても戦略の目的は共通しています。平均以上の利益を上げ続けることです。そのための方法が戦略であることは間違いありません。さらには24時間がむしゃらに働いてやっとのことで利益を上げるのではなく，効率的に儲けるのが戦略です。まさに，冒頭で紹介した陣屋そのものです。

　自社も陣屋のように賢く儲けることなどできるのだろうか，陣屋とは事業が異なる自社はどうすれば楽に儲けられるのだろうかと悩む人もいるでしょう。そうしたビジネスパーソンのために，多くの学者が様々な研究を行い，理論が蓄積されています。

　とはいうものの，本書は理論の解説が目的ではありません。ビジネスの現場で実際に活用いただけるような指南書を目指しています。そのため理論よりも，「何をすべきか」を中心に説明しています。

　もちろん，本書の内容が各社にそのまま適用できるわけではあり

1　宮﨑知子（2018）「最高のおもてなしは従業員満足から生まれる」DIAMONDハーバード・ビジネス・レビュー2018年8月号; IT mediaエンタープライズ 2018/10/04 09:30。

ません。現実の世界は複雑です。現場の数だけやり方があります。現場で培ったセンスを持つみなさまに，本書をご覧になっていただいた上で，応用方法を考えていただきたいと思います。

2 本書の構成

　利益を上げるためには，価値[2]の創造と利益の獲得という2つの活動が必要です。この極めてシンプルな構造で，本書は構成されています。

　図表序-1をご覧ください。一番上にある WTP（Willingness

[図表 序-1]　WTP と企業の利益

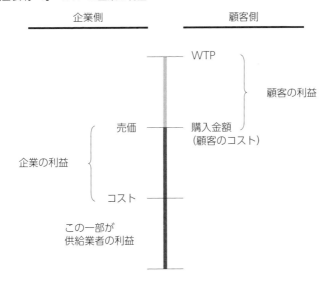

2　「価値がある」とは「役に立つ」という意味で使われることがある。例えば「この本は君にとって価値がある」と薦められたら，その本があなたの仕事や人生に役立つということだ。つまり WTP に等しい。厳密にいえば，「お金や

労力を費やしても惜しくない」というニュアンスも含まれているため，WTP から購入価格（さらにいえば手間暇）を差し引いた額なのであろう。しかし本書では，WTP と価値の高さを同じ意味で使っている。

To Pay：支払意思額）とは，顧客が「この製品・サービスだったらこのくらい支払っても惜しくない」という金額です。当然ですが，企業はWTPが高まるような製品・サービスを開発し，提供しなければなりません。これが価値創造であり，そのための効果的な方法を第1部「顧客価値の創造」で説明します。

　企業の取り分はこのうちの一部です。具体的には売価とコストの差です。せっかく高いWTPを実現したとしても，自社の取り分がわずかだったら意味がありません。企業はできるだけ高い売価を設定し，またコストを削減しなければなりません。高い売価設定のためには，顧客に買い叩かれないようにしなければなりません。あるいは競合企業との価格競争に巻き込まれないようにしなければなりません。一方でコスト削減のためには，供給業者との仕入交渉も必要でしょう。こうした活動が利益獲得であり，そのための効果的な方法を第2部「競合企業との利益の奪い合い」で説明します。

　これらの基盤となるものが，企業が保有する経営資源です。価値創造にしても利益獲得にしても，効果的に進めるには企業独自の経営資源が必要です。独自の経営資源があればユニークな価値を創造でき，また周囲に対する交渉力も高まります。しかし，経営資源には功罪があります。薬になるだけでなく，使い方を誤れば毒になってしまいます。どのような経営資源をどう蓄積・活用すべきかを，第3部「経営資源の活用」で説明します。

　ここまで説明すれば気づかれたかもしれません。本書は3C（顧客・市場：Customer，競合：Competitor，自社：Company）という基本的フレームに沿って，賢く儲ける方法を整理しています。

Customer
顧客価値の創造

顧客が「この製品・サービスだったらこのくらい支払っても惜しくない」という金額が WTP です。この WTP を高めることが，利益を上げる基本です。WTP が高まれば売価アップも受け入れられやすくなるからです。

しかし，経営資源が限られているなかでは，企業として取り組めることは限られます。また WTP を高めるには必ずコストがかかります。愚直に進めるだけでは利益を上げることは難しく，戦略的な視点が欠かせません。第 1 部では，どうすれば効果的に WTP を高められるかを説明します。

一方で，個々の顧客の WTP が向上したとしても，そもそもの市場規模が小さければ得られる利益も限られてしまいます。どの市場を対象にするかという検討も必要です。そこで第 1 部は，市場機会の探索からスタートします。

第1章

市場機会の探索

　本章では顧客に対する価値創造はいったん脇に置き，市場全体を捉えたマクロ的な話から進めます。

　本書の執筆時点（2020年11月）では新型コロナウィルス COVID-19 が，世界的な猛威を振るっています。そして多くの製薬会社が多額の投資をしてワクチン開発に取り組んでいます。その理由を図表序-1（3ページ）で説明すれば，我々にとってワクチンは，非常に WTP が高いものだからです。

　一方で，コロナウィルスは COVID-19 だけではありません。SARS（サーズ）や MERS（マーズ）もあります。MERS に関してはいまだ終息していません。ところが MERS のワクチン開発に取り組んでいる製薬会社は，少なくとも大手では1社もありません[1]。その理由のひとつは，MERS は中東の一部でしか流行しておらず，ワクチンの開発投資に見合う市場規模ではないからです。

　図表序-1 で説明した通り企業の取り分は売価とコストの差ですが，企業の利益はそれらの総和です。魅力的な製品・サービスを提供して WTP を高めることは大切ですが，市場規模は小さければ儲けることはできません[2]。魅力的な市場を見つけなければなりません。

1　ロイター2015/06/17 11:39。
2　市場規模が大きいこと以外に，「自社が食べていくのに十分か」という基準もある。規模が大き過ぎると，大企業と戦うことになるからだ。米国の産業系メーカーのエマソン（Emerson）では，多角化や事業買収の基準のひとつに市場が大き過ぎないことがある。彼らは「小さな池の大きな魚戦略」と称している。山中信義（2004）『成熟した製造業だから大きな利益が上がる』日本能率協会マネジメントセンター。

1 環境情報の分析

　市場が魅力的かどうかの判断基準は，規模だけではありません。自動車メーカーのスズキは，2018年に巨大な中国市場から撤退し，GDPが中国の5%にも満たないミャンマー市場を強化する決断をしました。

　その理由は，ミャンマー市場の成長性です。軍事政権から民主化に転換し，年率6〜7%の成長を続けるミャンマー市場で，同業他社が本格進出する前に基盤を確立するためです。同社はインド市場でも同様の手法で成果を上げました。1982年にインド進出を果たしたスズキの自動車は今や国民車として認知され，多くの企業が参入した現在でも5割のシェアを確保しています[3]。

　調査報告書などを購入すれば，現状の市場規模は分かります。同業他社も同じ情報を入手できるので，情報優位に立つことはできないでしょう。差がつくのは成長性の分析です。これは調査報告書だけを頼るわけにはいかず，独自で分析する必要があります。

　新たな市場機会を見つけるには，その背後にあるマクロ環境の変化から紐解くことがポイントです。それでは，どのような環境情報を分析すべきでしょうか。以下の4つのケースをお読みください。これらは，新たな市場機会に乗じて新事業や新製品を開発した事例です。何がきっかけになって市場機会が生じたかを考えてみてください。

3　日本経済新聞朝刊 2020/09/08 012 ページ。

ケース：エネオス

　エネオスとは，日本の石油元売最大の JXGT エネルギー株式会社のサービスブランド名で，ガソリンスタンドが有名である。石油等のエネルギー資源の調達および精製・販売が同社の主な事業である。これまで同社は，エネルギーという事業領域のなかで事業を拡張してきた。2003 年には工場やオフィスビル，デパートなどの法人向けに電力供給事業を始め，自社の発電所も構えるようになった。ただし，一般家庭向けには電気を供給してこなかった。

　ところが 2016 年になると，それまで東京電力の独壇場だった一般家庭向けの電力供給に乗り出すという決定を下し，「ENEOS でんき」を始めた。

出所：同社 HP および資源エネルギー庁 HP を参考に作成。

ケース：ラオックス

　ラオックス株式会社は，1976 年に設立された老舗の家電量販店であり，秋葉原の電気街に本店舗を構えて，石丸電気やオノデンとともに家電量販店という業態の発展に貢献してきた。家電以外にもオーディオ機器やパソコンの品揃えを拡張し，2000 年代初頭までに大手家電量販店としての地位を確固たるものとした。

　ところが 2010 年頃から，免税店へと舵を切ることになる。もともと店舗には免税コーナーを設置していたが免税を前面に押し出すようになり，化粧品や健康食品，日用品などの免税品を幅広く揃えるようになった。2015 年頃にはこの流れが加速し，新聞記事でも家電量販店ではなく，「免税店大手のラオッ

クス」と紹介されるようになった。

出所：同社 HP および日本経済新聞朝刊 2015/08/14 011 ページ；日本経済新聞朝刊 2015/03/08 007 ページ；日経 MJ（流通新聞）2015/07/08 001 ページを参考に作成。

ケース：ユニ・チャーム

　ユニ・チャーム株式会社は 1961 年に創設された衛生商品メーカーであり，主力商品のひとつが紙おむつである。1981年にムーニーを，1983 年にはマミーポコを投入し，その後は品質の高さと使い勝手の良さで売上高を伸ばしてきた。国内では花王，P&G（Procter & Gamble）とともに市場寡占し，その 3 社のなかでも最大のシェアを誇っている。

　子ども用紙おむつの品質向上とラインナップ拡大に投資をしてきた同社だが，2000 年になると，それまで細々と手掛けてきた大人用紙おむつを強化することになる。開発投資やマーケティング支出を増やし，要介護度や健康状態に合わせた豊富なラインナップを販売するようになった。

出所：同社 HP および日本経済新聞朝刊 2013/09/11 011 ページ；日本経済新聞朝刊 2014/05/23 017 ページを参考に作成。

ケース：NTT ドコモ

　株式会社 NTT ドコモは，携帯電話等の無線通信サービスを提供する日本最大手の移動体通信事業者であり，1991 年に日本電信電話株式会社（NTT）から分離独立する形で設立された。KDDI（au）とソフトバンクとの 3 社で日本の移動体通信市場を寡占し，安定的な利益を維持している。

　その NTT ドコモが，新しい事業を 100 種類開発する方針を

10　第 1 部　Customer：顧客価値の創造

2018年に打ち立てた。教育機関向けの遠隔授業や医療機関向けの遠隔医療サービス，建設業向けの現場データ高速伝達サービス，スタジアム内外の観戦者がマルチアングル映像を瞬時に見られるようなサービスなどが考えられている。

出所：同社 HP および同社資料「中期経営戦略 2020 年代の持続的成長に向けて」；日本経済新聞朝刊 2019/03/09 010 ページを参考に作成。

1-1 マクロ環境の変化を分析する

　エネオスが一般家庭向けの電力供給に進出した背景には，政治環境の変化がありました。それまでは家庭や商店向け電気は各地域の電力会社だけしか販売できませんでしたが，2016 年に規制緩和がなされ電力小売が自由化されたのです。

　ラオックスが免税店に舵を切った背景は，経済環境の変化です。中国をはじめとするアジア諸国の所得水準の向上によって，訪日外国人旅行客が急増したのです[4]。

　ユニ・チャームが大人用の紙おむつを強化した背景には，社会環境の変化があります。合計特殊出生率（1 人の女性が一生の間に産む子どもの数）が 1.5 を下回るようになった一方で，長寿化に伴う高齢者の増加が続いています。

　NTT ドコモが遠隔授業等の新事業開発を検討している背景には，技術環境の変化があります。移動通信システムが第 5 世代（5G）になることで，高解像度の動画もスムーズに配信できるようになるからです。

　これらはマクロ環境の変化を捉えて，市場機会を見出した事例です。マクロ環境分析には，PEST 分析とよばれるフレームがありま

4　訪日外国人旅行客数増加の背景には，インバウンド政策という政治環境の変化もあった。

す。政治（Politics），経済（Economy），社会（Society），技術（Technology）の4つの側面から今後の環境変化を分析するというものです。このフレームを使うことで，ある程度は網羅的にマクロ環境を押さえられるというメリットがあります[5]。

＜ PEST の分析項目＞
- 政治：法律の施行や改正，規制の導入や緩和など
- 経済：景気や物価，設備投資動向，為替，金利など
- 社会：人口動態，ライフスタイル，流行など
- 技術：インフラ的な技術の動向，基盤技術の動向など

2 市場機会の分析

環境変化を調べればそれで終わりというわけではありません。そこから市場機会を見つけなければなりません。こちらの方がはるかに重要です。そして，その方法は2つあります（**図表1-1**）。

2-1 環境変化で広がるギャップを見つける

ひとつ目は，政治，経済，社会環境の変化に関するものです。こうしたマクロ環境の変化は，顧客・市場環境の変化をもたらします。新たな市場が出現したり，顧客ニーズが変化したりというものです。そうすると，従来の製品・サービスでは対応できなくなります。需要側（市場）と供給側（製品・サービス）の量的・質的な

5　PEST分析の結果，数多くの環境変化が抽出されるが，必要な情報のスクリーニング基準は，事業インパクトの大きさに加え，実現可能性である。実現可能性が低いものを前提に判断すれば，不要な対策コストがかかったり，機会を逸してしまう。兆候が見えたら対応できるようモニタリング項目として位置づければよく，その時点の意思決定からは除くべきである。詳細は，坂本雅明（2016）『事業戦略策定ガイドブック：理論と事例で学ぶ戦略策定の技術』同

[図表 1-1] 機会をもたらす 2 種類のギャップ

出所：坂本雅明 (2016)『事業戦略策定ガイドブック』同文舘出版, p.16。

ギャップが，市場機会になります。

　例えば，ちょうど本書執筆時点では「ウィズ・コロナ」という新しい生活スタイルを余儀なくされています。こうした社会環境の変化を見越して早々と動き出したのが，星野リゾートです。経済圏をまたぐ移動が制限されるなかで，同社は近郊地を旅行するマイクロツーリズムにビジネスチャンスを見出し，地元の価値を再発見できる企画を提供し始めました。

　ラオックスの事例についていえば，**図表 1-2** に見られるように，訪日外国人旅行客数の急増に対して，免税店数の増加が追いついていません。このギャップが市場機会です[6]。

2-2 環境変化で埋まるギャップを見つける

　市場機会を見つけるもうひとつの方法は，技術環境に関するものです。市場ニーズと製品・サービスにギャップがあったとしても，そのギャップを埋められないこともあります。技術が追いついていないためです。

文舘出版の第 1 章参照。

6　2020 年になってそれまでの状況が一転した。コロナ禍で訪日外国人旅行客数が激減する中で，ラオックスは免税店の退店を進め，アウトレットや自転車販売店への転換を模索し始め

た。日本経済新聞朝刊 2020/11/06 014 ページ。

[図表 1-2]　訪日外国人旅行客数と免税店数の増加率

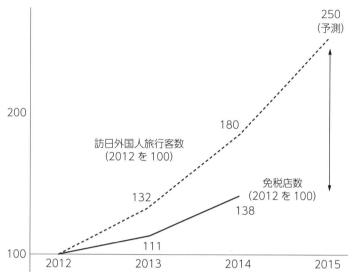

出所：免税店数：観光庁の統計データより。その年の4月時点の免税店数。
　　　訪日外国人旅行客数：日本政府観光局「目的別訪日外国人数」より。
　　　2015年推定値はJTB予測（2015年1月時点）

　例えば2007年にキンドル（Kindle）という電子書籍が登場しましたが，小型のデバイスに本を格納して持ち歩きたいというニーズは，1990年代初旬には存在していました[7]。普及するのに2007年まで待たなければならなかった要因のひとつが，技術環境です。インターネット環境やWi-Fiなどの無線接続技術が発達していなかったため，コンテンツをデバイスに取り込むのに多大な労力を必要としたからです[8]。技術開発によってこれらの問題が解消されたため，電子書籍が次々と商品化されました。

　これまでも半導体の微細化や製品構造のモジュール化，情報通信の高速化という技術進化の恩恵を受けて，数多くの新製品や新サー

7　1990年にはソニーがデータディスクマンを，1993年にはNECがデジタルブックプレーヤーを発売したが，普及しなかった。前者はCD-ROMで，後者はフロッピーディスクでコンテンツを取り込む方式だった。

8　もちろん通信環境だけが電子書籍普及の阻害要因だったわけではない。製品自体の問題（重たい，目が疲れる）や著作権の問題などもあった。

ビスが登場してきました[9]。そして次の大きな技術環境変化のひとつが，5G の到来です。通信速度や通信容量がボトルネックになって実現できなかったサービスがたくさんあります。そうしたなかに市場機会を見つけようとしているのが，NTT ドコモの取り組みです。

---

9 青島矢一（2017）「デジタル技術の進歩がもたらした産業変化」一橋ビジネスレビュー64(4)：32-43。

第2章

顧客価値と顧客満足

　前章は市場全体を捉えて話を進めてきましたが，本章からは顧客ひとり1人に焦点を絞ります。

　顧客との取引を通じて企業が儲けるためには，自分の取り分（売上－コスト）を増やす前に，パイを増やさなければなりません。つまりWTPを高めることです。序章でも説明したように，WTPとは顧客が「この製品・サービスだったらこのくらい支払っても惜しくない」という金額です。企業が決める額ではなく，顧客が決める額です。そこで顧客側の視点から，価値を考えてみましょう。

　価値提供は企業側の言葉で，顧客が実際にどう感じたかは「顧客満足」として表れます。顧客満足を高めると，顧客のWTPが高まるだけでなく，様々な波及効果によって利益が増えます。例えば，高い顧客満足度を得ていることで有名な，ネッツトヨタ南国というトヨタ系の自動車ディーラーがあります。もちろん，業績も素晴らしいです。ケースを読み，どのようなロジックで顧客満足が利益に結びついているのかを推測してみてください。

ケース：ネッツトヨタ南国

　ネッツトヨタ南国株式会社は，高知県に3店舗を構えるトヨタ系の自動車販売会社である。販売会社のなかでは決して大き

な方ではない。しかし、平日で100人、休日ともなると500人以上が来店する超優良店であり、トヨタが高級ブランド「レクサス」を導入したときも学びに来たくらいだ。

店舗はカフェや喫茶店を彷彿させる。石の壁と木々に覆われた一流ホテルのような広い空間に20卓ほどのテーブルが並び、そのテーブルでは家族連れが軽食を取りながら歓談している。同社では来場者に対してサンドイッチやサラダなどの朝食セットを250円で提供するほか、ドリンクも無料で提供している。朝食セットは出来合いのものではなく、専任の調理師がバックヤードで作っている。飲食をしている人以外にも、新聞や本を読みながらくつろぐ人や、備えつけのパソコンでインターネットを楽しむ人もいる。子どもたちから「店に寄ろう」とせがまれる人もいるくらいだ。

ネッツトヨタ南国の強みは、心地良さを提供できるサービスである。販売店にクルマで乗りつけると、待機していた従業員が駆けつけて、「こんにちは〇〇様、ようこそネッツトヨタ南国へ」と礼儀正しく挨拶をする。そしてクルマの鍵を預かり、駐車場まで移動させる。待たせることなく店内へ案内し、飲み物の注文を聞く。接客の様子は高級ホテルに近い。顧客が帰る際には、必ず2人の従業員が道路までクルマを誘導し、車影が見えなくなるまでお辞儀を続ける。

商談では、無理にクルマを売りつけようとしない。それどころか、顧客のライフステージに合わせて、等級の低い安価な車種を薦めることもある。背景には、家族構成や趣味などの顧客の情報が情報システム内で共有されていることがある。その情報を見て、最適な提案をするのだ。試乗車は十分に揃えてお

り，納得するまで，丸 2 日間試乗することもできる。

　もちろん，なかには価格を重視する顧客もいる。しかし，過剰な値引きを求める顧客には，ほかの販売店での購入を勧めることもある。

　こうしたサービスを支えるのが，人材である。同社では採用活動には膨大な手間と時間をかけている。応募者には何人もの従業員と対話をしてもらい，その時間は 200 時間を超える。そして，同社の価値観に合う人だけを採用する。採用後も常にレベルアップのために研修や勉強会が，頻繁に行われている。

　同社社員の離職率はこの業界にしては驚くほど低く，家庭の諸事情以外の理由ではほぼ皆無だ。といっても仕事が楽だというわけではない。従業員同士がお互いの仕事ぶりをチェックし合うという厳しさもある。継続的な業務改善活動もなされ，立ち止まっている暇はない。

出所：同社 HP および日経ビジネス 2010 年 1 月 25 日号；プレジデント 2011 年 5 月 2 日号を参考に作成。

1　顧客満足の意義

　顧客満足が利益に結びつく理由をいくつか読み取ることができます。例えば，値引き要求の少なさです。満足している顧客は，無理な値引き要求をしません。自動車販売以外にメンテナンスなどのサービスを提供できることも挙げられます。メンテナンスは自動車ディーラーでなくても提供していますが，自動車購入時に満足した

顧客は，メンテナンスでも店舗を訪れることでしょう。そうした様々な顧客接点で高い満足を感じてくれていれば，買い替え時には同じ店舗から購入してくれるものと思われます。こうしたロジックで，ネッツトヨタ南国では顧客満足が高業績につながっているものと考えられます。

　一般的には以下の要因で，顧客満足が利益につながるといわれています[1]。

　＜顧客満足が利益につながる理由＞
- より高い価格での購入
- 関連購買による売上の増加
- 再購入による売上の増加
- 口コミによる客数の増加
- 新規開拓が不要になることによる営業コスト削減

2 顧客満足の戦略的活用

　もうひとつ重要な要素があります。ネッツトヨタ南国では，徹底して顧客満足度向上に取り組んでいることです。実は中途半端では利益につながらないのです。

2-1 顧客ロイヤルティを獲得する

　顧客満足が利益につながる5つの要因を説明しましたが，1〜4

1　Frederick F. Reichheld（1993）Loyalty-Based Management, *Harvard Business Review*, 79(7), July-August 1993: 76-84.

つ目の行動を取る顧客を，ロイヤルカスタマーといいます。企業やブランドに対する忠誠心（ロイヤルティ）が高い顧客です。顧客満足度が高まれば比例してロイヤルティも高まると思われますが，そう単純な関係ではありません[2]。例えば5段階での顧客満足度調査（5：大変満足，4：満足，3：どちらでもない，2：不満，1：大変不満）をしたとします。2を3に引き上げたとしても，3を4に引き上げたとしても顧客ロイヤルティはあまり上昇しません。ところが，4を5に引き上げた場合に顧客ロイヤルティが急上昇するといわれています[3]。つまり，閾値（反応や変化を起こさせるための最小の値）のようなものが存在しており，そこそこに満足してもらえただけでは，利益につながらないのです。

2-2 努力ではなく選択する

　ネッツトヨタ南国ほどのレベルに達するには長年にわたる試行錯誤の繰り返しが必要であり，かつ維持するのも大変な労力が必要です。ネッツトヨタ南国では社員の潜在能力を最大限に引き出し，顧客というベクトルのもとで方向づけをするという，極めて高度な経営がなされています。普通の企業であれば，この域に達する前にあきらめてしまうかもしれません。従業員もさぞ大変なことでしょう。ちなみに同社の従業員満足度も非常に高い水準を保っていますが，これは仕事にやりがいを感じているからであって，仕事が楽だからではありません。日々，高いプレッシャーのなかで頑張っています。

　こうしたアプローチを称賛する一方で，本章では別のアプローチを紹介します。批判を恐れずにいえば，ネッツトヨタ南国のやり方

2　顧客ロイヤルティの把握には，顧客満足度以外に，再購入意向や推奨意向などが用いられている。SNSが普及する現在においては，推奨意向の重要性が高まっている。

3　James L. Heskett, Thomas O. Jones, Gary

W. Loveman, W. Earl Sasser, Jr. and Leonard A. Schlesinger (1994) Putting the Service-Profit Chain to Work, *Harvard Business Review*, 72 (2), March–April 1994: 164-174.［小野讓司訳（1994）「サー

は，戦略的とはいえません。あくまでも序章で述べた「戦略」の定義においてです。つまり，すべてにおいて一切手を抜かずに顧客対応をする姿勢は素晴らしいですが，もう少し楽をするための工夫があってもよいと思われます。その際に考慮すべきことは，選択と集中です。さらにいえば，何をあきらめるのかを決断することです。

コラム①：魅力的品質と当たり前品質

「魅力的品質と当たり前品質」という概念があります[4]。東京理科大学名誉教授の狩野紀昭氏が提唱したため，狩野モデルともよばれています。

当たり前品質とは，なければ不満になるものの，あったとしてもそれほど満足度が高まらない要素です。一方の魅力的品質は，なかったとしても不満に思われませんが，あればとても満足度が高まる要素です（図表2-1）。例えば，スマートフォンです。品質管理の総本山ともいえる日本科学技術連盟では，通話品質が当たり前品質であり，ハイレゾや局面画面は魅力的品質だと例示しています[5]。

もちろん，何が当たり前で何が魅力的なのかはきれいに切り分けられるものでもありません。また顧客によっても変わるでしょうし，時代によっても変わります。とはいうものの，役立つ概念であることは間違いありません。

この概念から我々が学べることは，あらゆる要素を「大変満足」に引き上げることは不可能だということだけでなく，無駄な努力になってしまうこともあるということです。具体的にいうと，当たり前品質に属する要素にどんなに力を入れたとしても，「大変満足」だとは感じてもらえません。その結果，コストがかかるだけで徒労に終わって

ビス・プロフィット・チェーンの実践法」DIAMOND ハーバード・ビジネス・レビュー 1994 年 7 月号。]

4　狩野紀昭・瀬楽信彦・高橋文夫・辻新一（1984）「魅力的品質と当り前品質」品質 14 (2)：147-156。

5　日本科学技術連盟 HP より。

しまうのです。

　経営資源は限られています。マネジャーは，自分が預かった経営資源をどの価値要素の強化に投入するのかを，吟味しなければならないのです。

[図表 2-1]　魅力的品質と当たり前品質

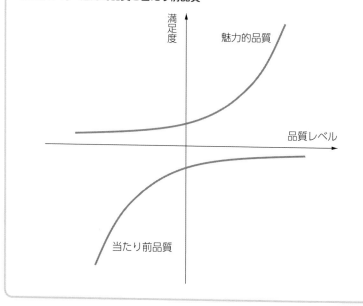

第3章

価値選択による差別化

　「お客様は神様です」といえば，昭和を代表する演歌歌手，三波春夫のフレーズです（知らない読者も多いかもしれませんが）。この言葉は正しくもあり，間違いでもあります。事業活動を成り立たせるためには，顧客に満足してもらうことが欠かせません。しかし，顧客満足を高めるにはコストがかかります。顧客は満足したけれども，企業が赤字になってしまっては意味がありません。戦略的に取り組まなければなりません。

1　提供価値の検討

　「戦略」はなかなか定義が定まらない言葉だということは，既に説明した通りです。ただこの言葉に含まれているニュアンスのひとつが「選択」です。経営資源は限られています。また，事業はトレードオフで満ちています。いくつかの選択肢のなかから，最小の労力で最大のリターンを得られるものを見つけ，それに経営資源を集中投下しなければなりません。

　顧客への価値提供も同じです。あらゆる価値要素を「大変満足」

に引き上げようとすることはできませんし，できたとしても費用対効果が悪過ぎます。重要な価値要素を見つけ，それに注力することが賢く儲ける秘訣です。これを差別化戦略といいます[1]。

そして差別化要素になり得るものは，製品の機能だけではありません。顧客が知覚するありとあらゆるものが，なり得ます。製品で違いを出すことが難しくなるなかでは，製品機能以外の価値要素に着目することも大切です[2]。

それでは，どうすれば差別化要素を考え出すことができるのでしょうか。以下の4つのケースは，いずれもアパレル（衣類）を扱っています。しかし，衣類以外の要素で価値を提供しています。各社はどんな価値を提供しているのか，またそれはどのような背景からなのかを考えながらお読みください。

ケース：スタイラー

スタイラー株式会社は，2015年3月に設立されたアパレル関係のネット関連企業である。ネット企業ではあるが，オンラインで服を販売しているわけではない。オンラインでアパレル店員の接客を受けられるサービス FACY（フェイシー）を運営している。

ネット全盛の今でもなお，自分に似合う洋服に出会うのは難しい。消費者が欲しい商品のイメージを投稿すると，FACY に加盟する店舗の店員がお薦め商品を提案してくれる。2019年時点で600店以上が加盟しており，アクティブユーザーは100万人を超える。

創業者の小関翼氏は東京大学を卒業後，日英のメガバンクを経て，アマゾン（Amazon）に転職した。そこで気づいたこと

---

1 Michael E. Porter (1985) *The Competitive Advantage : Creating and Sustaining Superior Performance*. Free Press.［土岐坤・中辻萬治・小野寺武夫訳（1985）『競争優位の戦略—いかに高業績を持続させるか』ダイヤモンド社。］

2 差別化戦略の具体的な分析・検討方法については，坂本前掲書の第3-4章を参照いただきたい。

は，アパレルのようなライフスタイル分野は画一的な対応ができず，アマゾンでは対応しきれないということだ。しかも，ネットに掲載される衣料品が多くなればなるほど，そのなかから自分に似合う服を見つけることが困難になる。小関氏自身もこだわりのあるものを長く使うタイプであり，アパレルに関してはEC（電子商取引）には不満を感じていた。そうした背景からFACYは生まれた。

FACYの加盟店は安価なアパレルを売る店ではない。2000〜3000円の服であればアマゾンでも事足りる。しかし，上質なライフスタイルを目指すならそれでは妥協できない。そのためシャツなら1万円以上のものを買う客層をターゲットにしている。FACYの利用客は都市部在住で可処分所得は高いが，忙しくて服を探す時間がないという人が多い。

最近では百貨店やアパレルもオーダーメードで個別対応を始めている。しかし，単独の小売店では提供できるラインナップが限られてしまう。スタイラーのような，様々な店舗が参加するプラットフォーム型の方が向いていると，小関氏は考えている。

出所：同社HPおよび日経MJ（流通新聞）2018/12/03 003ページを参考に作成。

ケース：デファクトスタンダード

株式会社デファクトスタンダードは，1万円程度の古着などに強い中古品売買サイトのブランディアを運営する。無料で発送用キットを配布し，衣服を詰めて送り返してもらう宅配サービスで，20〜40代の女性から支持を集めている。買い取った商品は，ヤフオク！などを通じて販売する。

メルカリが台頭するなかで，中古品売買を手掛ける企業が対抗策を迫られている。ブランディアもそのうちの１社であり，尾嶋崇遠社長は「一歩踏み込んだ新サービスで生き残りを目指す」と語る。

消費者はメルカリの方が高く売れると思っているかもしれない。しかし，中古品を簡単にまとめて売りたいというニーズは根強い。写真を撮ってウェブにアップし，購入希望者とやり取りをし，落札後に配送する。こうした手間を面倒に感じる消費者に対して，利便性を提供するのがブランディアの戦略である。

ブランディアには，毎日１万〜１万5000着の服が届く。高いスキルを持った査定員がすべての商品をチェックしていくと時間がかかり過ぎてしまう。以前は真贋（本物か偽物かということ）を第一優先にしていたが，スピーディーな大量の査定を重視するようにした。商品と作業をランク分けし，簡単なものはアルバイトでもできるようにしている。もちろん高額な商品は社員の査定員がチェックしている。

2019年時点で社員が70人，アルバイトが700人，アウトソーシングが200〜300人いる。査定などはアルバイトがやっている。また，買い取った商品をヤフオク！に出店するための「ささげ業務」（撮影，採寸，原稿作成など）は自宅で行ってもらったりもしている。アルバイトから商品が戻ってこないというリスクはつきまとうものの，スピードを優先している。

出所：同社HPおよび日経MJ（流通新聞）2019/04/14 003ページを参考に作成。

ケース：ゴードン・ブラザーズ・ジャパン

　株式会社ゴードン・ブラザーズ・ジャパンは，企業が抱える在庫問題の解消を手助けするサービスを提供している。

　在庫の山に悩む小売業は後を絶たない。同社は在庫の価値評価を手がけ，独自の手法で余った在庫を，いつ，どこで，誰に，どのように売ればよいか最適の解を見つけ出す。在庫問題を舞台裏から見る田中健二社長は「刻々と変化するモノの価値を知れば，有効活用できる」と説く。

　2018年は約200件を受注し，顧客の業種は小売業が36％，卸売業が35％，製造業が27％。宝飾品のTASAKI（タサキ）なども顧客に名を連ねる。顧客となった企業の在庫がどんなに大量であっても，まずはすべて買い取るというのが同社の方針だ。そして，同社が持つ販路を提示し，売りたいところにはマル，避けたいところにはバツをつけてもらう。

　販路は，百貨店の催事，ECサイト，中古業者など250ほどあり，在庫処分できない商品はほとんどない。例えば裾が広いベルボトムのデニムパンツは，東南アジアとアフリカに持って行って販売した。それ以外にも，縫製工場でショートパンツに加工し直して，国内で再販するなどの知恵も絞っている。

　閉店セールの支援も手がけている。顧客企業から過去2年分の売り上げと在庫のデータをもらい，回転率などを分析する。その上で，何を何％の割引率でどの店で売るべきかなど，最適な解を算出する。

出所：同社HPおよび日経MJ（流通新聞）2019/03/18 003ページを参考に作成。

1-1 悩みの解決を提案する

　4つのケースのいずれもが，衣類以外の価値を提供しています。スタイラーは，似合う服の推奨であり，デファクトスタンダードは，中古服出品の手間削減とスピーディーな換金です。そしてゴードン・ブラザーズは，在庫をお金に換える支援です。とてもユニークだといえます。

　では，こうした差別化要素はどのように考え出せるのでしょうか。鍵となるのは，顧客が抱える悩みです。顧客は生活をする上で，あるいは事業を営む上で，何らかの悩みを抱いています。その悩みを解決する方法を考え，提案するのです。

　例えば，掃除機です。ダイソン（Dyson）とルンバ（Roomba）という，大ヒットを飛ばしている掃除機をご存じだと思います。この2つが解決している顧客の悩みは異なります。ダイソンの場合は，ゴミを吸い取りきれないという悩みです。それを解決するために吸引力を強化し続けています。一方のルンバは，掃除をする時間がないという悩みです。だから自動ロボットであり，充電もゴミ捨ても自動なのです。冒頭の4つのケースについては，図表3-1の

[図表3-1]　顧客の悩みと提供価値

企業	顧客の悩み	提供価値
スタイラー	・自分に似合う服を見つけられない。	・似合う服の推奨
デファクトスタンダード	・フリマに出品する手間と時間がかかり過ぎる。	・中古服の一括買い取り ・スピーディーな換金
ゴードン・ブラザーズ・ジャパン	・在庫を抱え過ぎてしまっている。	・商売の邪魔にならない販路での在庫消化

ように整理できるでしょう。

2 顧客の悩みの分析

　顧客自身が要望を伝えてくれれば楽でしょう。そうした要望は顕在的ニーズといいます。顕在的ニーズに対応しても，儲けることは難しいでしょう。既にどこかの企業が製品・サービスを提供しているからです。どこも提供していなければ，今の技術レベルでは具現化できないことを示唆しています。

　我々が見つけるべきものは，顧客自身も明確に言い表せないような悩みです。実際は不便であっても，それが当たり前だと思って受け入れているようなことはたくさんあります。例えば自動販売機です。缶ジュースの取り出し口は低い位置にあり，腰をかがめなければなりません。我々はそれが当たり前だと思っていました。そうした悩みに気づいた自動販売機メーカーは，取り出し口を高い位置に設置したタイプを投入し始めました。

　では，顧客自身が言い表せないような悩みは，どうやって把握できるのでしょうか。

2-1 要望の背景を掘り下げる

　ひとつ目の方法は，顧客から聞いた要望の真意を分析することです。この手法は，提案型営業の基本スキルとして定着しています[3]。
　例えば，ビジネス客から「東京－大阪間をもっと早く移動した

3　富士ゼロックス総合教育研究所（2000）『戦略
　的ソリューション営業』ダイヤモンド社。

い」という要望を聞いたとします。あなたがJR東海に勤めているのであれば，新幹線が一秒でも早く到着できるよう，車輌開発やダイヤ改正に取り組むかもしれません。しかし，その言葉の真意を確認すべきです。もし「仕事をする時間のロスを減らしたい」というのが真意だったとしたら，仕事をしやすいブースの設置や，到着してからすぐにバリバリ働けるような疲労が溜まらない椅子なども解決策になります。もしあなたがIT企業に勤めているのであれば，テレビ会議システムを提案してそもそも移動せずに済むようにすることも考えられます。

　顧客から何らかの要望があったら，その要望が生じた状況や背景を掘り下げることが大切です。額面通りに受け止めてはいけません。もしあなたが，同僚の女性から仕事が行き詰っていることを打ち明けられたとします。その言葉を額面通りに受け止めて必死にアドバイスをするようでは失格です。「大変なんだね」と共感してあげることが正解のようです。それが分かっていれば，私の人生は変わっていたでしょう[4]。

2-2 リードユーザーに聞く

　大多数の人は自らが感じる不満に気づかずに，企業が開発した製品をそのまま受け入れています。そのなかで，不満を表出させ，自らで製品を開発・改良している人がいます。例えばマウンテンバイクは，サイクリング愛好者がオフロードでも乗れるように改良したのが始まりでした[5]。マスキングテープもそうです。マスキングテープとは塗装しない箇所に一時的に貼っておくテープですが，自動車塗装工場の工具が外科用の布製テープを代用していたのを見掛

5　小川進（2013）『ユーザーイノベーション―消費者から始まるものづくりの未来』東洋経済新報社。

6　「テープの歴史館」日東電工HP。

けたことが，開発のきっかけでした[6]。

ユーザーイノベーションの提唱者として名高いエリック・フォン・ヒッペルは，そうした感度の高い消費者をリードユーザーとよび，リードユーザーを製品の開発や改良に活用すべきだと提唱しました[7]。

こうした手法は定着されつつありますが，問題はリードユーザーを見つけることです。製品やサービスの問題点を的確に指摘し，解決の道筋を提示できるような消費者は，どこに存在しているのか分かりません。しらみつぶしに探したとしても，いつ巡り合えるかは見当もつきません。

リードユーザーを効率的に見つけ出すいくつかの手法が，開発されています。ピラミッディングという手法では，あたかもピラミッドを登るかのように，自分よりも感度の高い人を推薦してもらうことを繰り返していきます。クラウドソーシングという手法は，ウェブやSNS（ソーシャルネットワーキングサービス）を使って幅広く群集（クラウド）に呼び掛け，得られた情報をスクリーニングしていくという方法です[8]。

2-3 観察する

デザイン思考で推奨されている方法が，観察です[9]。使用状況をつぶさに観察し，第三者の目で無理な動きや非効率さを見つけるのです。

例えば家電メーカーでは，ターゲット顧客の家庭に入り込んで，家電の使用状況を観察しています。パナソニックはインドネシア市場向けの家電開発に際して，同地域の典型的な家庭を観察しまし

7　Eric von Hippel (1988) *The Sources of Innovation*, Oxford University Press.
8　小川前掲書；西川英彦（2014）「ユーザーイノベーション」『百万社のマーケティング』宣伝会議 1: 64-67。
9　Tim Brown (2009) *Change by Design: How Design Thinking Transforms Organizations and Inspires Innovation*, Harper Business.［千葉敏生訳（2014）『デザイン思考が世界を変える』早川書房。]

た。年に数回，1週間ほどかけて生活環境や家電の使い方をくまなく観察したところ，家電ではなく電力事情に問題があることに気づきました。インドネシアの島々の家庭の8割は使える電気がわずか900ワットしかなく，日本のドライヤー1台すら使えなかったのです。そうした電力事情を考慮し，パナソニックは冷蔵庫，洗濯機，エアコンをすべて使ってもブレーカーが落ちない家電商品群を投入しました[10]。

観察できる環境を構築する企業もあります。例えばリクシルなどのキッチンメーカーはモニタリングルームを設置しています。主婦らに実際に料理をしてもらい，人の目で観察するほか，天井などに設置したカメラを通してデータ収集・解析しています。体の移動や手の動きだけでなく，筋肉の疲労度合いまでもが分かるそうです[11]。

2-4 仮説検証で進める

想像してみてください。インターネットがまだ存在していない時代に，コミュニケーション上の悩みを聞かれたとします。恐らくあなたの回答には，インターネットを匂わすようなことは含まれていないでしょう。誰も見聞きしたことがない時に，インターネットがないことで生じる悩みなどは思い浮かべることはできません。

一方で，ラフなアイデアや模型のようなものを提示すれば，相手の思考を刺激することができます。シリアルイノベーター[12]のエリック・リースは，完成度は高くなくとも最小機能（MVP：Minimum Viable Product）が備わった製品・サービスを早期にリリースし，顧客の反応を見ながらピボット[13]することを勧めていま

10 日本経済新聞朝刊 2014/02/28 009ページ。
11 日経産業新聞 2012/11/14 017ページ。
12 一度限りではなく複数のイノベーションを連続的に実現する人材。
13 バスケットボールで片足を軸足としてもう一方

の足を動かすように，何かを軸として残しつつも，他の要素を軌道修正すること。
14 Eric Ries（2011）*The Lean Startup: How Today's Entrepreneurs Use Continuous Innovation to Create Radically Successful*

す[14]。

こうした考えは，開発担当者にとっては受け入れ難いものです。リースがゼネラル・エレクトリック（General Electric）で講演した際には，大きな反発を受けました。航空機エンジン事業の開発担当者からは，「ライバル企業からエンジンを購入して，ゼネラル・エレクトリックのロゴをつければ MVP になりますよ」と皮肉られたといいます[15]。シックスシグマという統計的品質改善手法を用いて商品リリース時の完成度にこだわってきた同社にとっては，理解し難いでしょう。そうした同社であっても，仮説検証の文化は徐々に根づき，成果も出てきているといいます[16]。

パナソニックでも，シリコンバレーの開発チーム（155ページ参照）に対して，津賀一宏社長自らが「不完全のものでも試作品を出していけ」と号令をかけています[17]。完璧主義の日本の製造業にとっては，大きな方針転換です。

キングオブコント 2020 で優勝したお笑いコンビのジャルジャルも，仮説検証法を使っています。視聴者自身もどんなネタを見たいのかが分からないなかで，ジャルジャルは毎日 1 本のネタを YouTube（ユーチューブ）にアップし続け，その反応を見ながら劇場で披露するネタを考えています[18]。

3　3Cによる提供価値の絞り込み

差別化要素の検討でも，3C（顧客・市場：Customer，競合：Competitor，自社：Company）というフレームは役立ちます。も

Businesses, Currency.［井口耕二訳（2012）『リーンスタートアップ』日経BP社。］
15　エリック・リース（2018）「GE大改革は"やれるものならやってみろ"から」日経ビジネス電子版 2018/06/21。
16　日経産業新聞 2015/03/50 002 ページ。
17　日本経済新聞朝刊 2018/03/06 002 ページ。
18　「ワイドナショー」フジテレビ 2020/10/04 放送。

ちろん最も重視すべきものは，顧客・市場です。ただしそれだけでなく，他の2つの観点からスクリーニングすることも必要です。

- 自社の強みを活かせるもの
- 競合企業が追随できないもの

3-1 自社の強みと競合企業の弱みを分析する

　顧客には様々な悩みがあります。そのすべてを解決してあげられないことが普通でしょう。例えば掃除をする際の主婦（主夫）の悩みには，ゴミを吸い取りきれないというものもあれば，マンションの隣人にモーター音で迷惑をかけてしまうというものもあるでしょう。そうした多種多様な悩みの中から自社が焦点を当てるべきものを選択するには，まずは自社の強みが鍵になります。ダイソンの強みは流体力学，具体的には風の流れに関する知識です。扇風機やドライヤーに商品展開していることからも分かるでしょう。それゆえ，吸引力なのです。

　一方で，競合企業の存在を忘れてはいけません。資本力に物をいわせて，同じような事業を展開し，あなたからシェアを奪い取ろうとするかもしれません。そうならないように，競合企業が追随できない価値要素を選択することも効果的です。そのためには競合企業の弱点分析が欠かせません。相手が自社よりも大企業だったとしても，必ず弱点はあります。私が駆け出しのコンサルタントだった頃，ミニストップが焼き芋を販売して大ヒットしました。ミニストップの商品開発本部長から直接聞いたのですが，「セブンイレブンでは絶対に真似できない。一定の大きさと形の焼き芋を，あれだ

けの店舗分だけ揃えることは不可能だからだ」といっていました。セブンイレブンが追随できないことを考えていたのです[19]。

3-2 顧客企業の戦略を分析する

　消費者向けビジネス（B2C, Business to Consumer）に対して，企業向けビジネスをB2B（Business to Business）といいます。B2Bの場合は，顧客の戦略を分析することが大切です。そしてその戦略を実現するために欠かせないことを提案するのです。相手の業績に貢献できる価値を提案すれば，受け入れられる確率が高くなります。しかも，少々価格が高くても購入してもらえます。顧客企業にとっては，それ以上のリターンが期待できるからです。例えば創業間もない頃の日本電産は，スリーエム（3M）に対して原価1000円のモーターを恐る恐る3000円で売りました。後日，日本電産の永守社長（当時）が「あのときは儲かったよ」と伝えたところ，「うちはもっと儲かったよ」と感謝されたそうです[20]。

　さて，顧客の戦略を分析する最もシンプルな問い掛けは，以下の2つです。

- その顧客はどの層をターゲットにしており，そのターゲットにどんな価値を訴求しようとしているのか
- その顧客にはどんな競合企業が存在し，どのようにしてその競合企業を出し抜こうとしているのか

　さらには，既に説明した通り，自社の強み，および競合企業の弱点も必要です。それらを包含した分析フレームが，**図表3-2**です。

19　「既存企業の反撃をかわす」（86ページ）も参照いただきたい。

20　日本経済新聞株式会社（2004）『日本電産―永守イズムの挑戦』日本経済新聞社。

[図表 3-2] 顧客企業の戦略分析フレーム

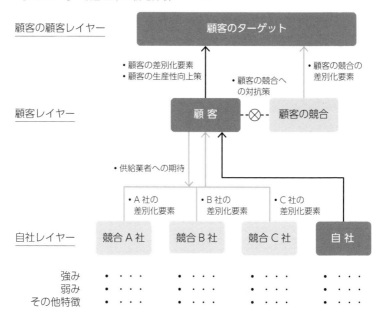

出所：坂本雅明 (2016)『事業戦略策定ガイドブック』同文舘出版，p.83。

第4章

引き算による
顧客価値の明瞭化

　前章で説明したことは，いくつかの選択肢のなかから最小の労力で最大のリターンを得られるような価値要素を選択し，それに集中すべきだということです。一方で十分に説明しきれていない点もあります。「選択」よりも「決断」というべきかもしれません。何かを選んだら，他のものは断たなければならないということです。

　こうしたことを考えながら，次の3つのケースをお読みください。そして，3社の違いを考えてみてください。

CASE CASE CASE CASE CASE CASE CASE CASE CASE CASE CASE CASE CASE CASE

ケース：アイリスオーヤマ

　アイリスオーヤマ株式会社は，宮城県仙台市に本社を置くメーカーである。1966年の創業時にはプラスチック製の養殖用ブイや育苗箱を作っていた町工場であったが，1980年代末に発売した家庭用プラスチック製半透明収納ケースが大ヒットし，急成長を遂げた。2000年代になると家電事業に力を入れるようになる。シャープ，パナソニック，三洋電機，東芝などの大手家電メーカーをリストラされた技術者を大量に雇い入れ，事業を拡大していった。

　とはいうものの，技術者数は少ない。パナソニックから移ってきた技術者にいわせれば，パナソニックの10分の1程度だ

という。

　それでも多くのヒット商品を生み出してきた。同社の商品には，他の家電メーカーが気づかないような「なるほど」と思える要素が組み込まれているからだ。例えば，側面にハンディーモップを取りつけた掃除機だ。掃除機をかけながら机や棚のほこりを取れるようになっただけではない。モップケースから取り出す瞬間にモップが静電気を帯びて，ゴミが取りやすくなる工夫も施されている。両面焼きができるホットプレートも大ヒットした。通常は焼き上がったものを冷たい皿に盛ることになるが，この両面ホットプレートでは，片方は温度を高くしてもう片方を低めに設定すれば，片面で保温できるようになる。こうした工夫に，先端技術を使うかどうかなどは関係ない。多くの家電メーカーはスマートフォンやスマートスピーカーで操作する家電を開発しているが，同社が開発したのはネット接続しなくても音声操作できるエアコンやサーキュレーターだ。購入後の設定が面倒だという声をもとに開発された。

　商品開発プロセスも独特である。「なるほど」を見つけるための取り組みが，「使い倒し」だ。技術者が他社製品を実際に自宅で何度も使ってみて，不満点や欠点を見つける。ひとつの製品について，100個ぐらいは見つかるそうだ。そのなかから改善する価値のあるものを選び抜き，新製品に反映させている。

　見つけるのは足りない点だけではない。不要な機能も見つける。大手家電メーカーの家電には，ほとんど使われない機能も少なくない。あるいは多少は使われるものの，その機能を省けば大幅なコスト削減につながるものもある。

　同社は，高機能は狙わず，シンプルな機能を手ごろな価格で提供することを目指している。価格設定は，コスト積み上げ方式ではない。顧客が値ごろ感を抱く価格がまずありきだ。その価格に近づけるために，徹底的に不要機能を省いていく。その上で，「なるほど」を加えることが，同社の商品開発方法だ。

　商品開発の意思決定も速い。前述のパナソニック出身の社員によれば，パナソニックでは様々な部署と話し合い，様々な会議を通していかなければならないが，アイリスオーヤマでは社長さえ納得させればそれで終わりだ。

出所：同社 HP および日経産業新聞 2017/08/09 001 ページ；日経 MJ（流通新聞）2017/08/04 003 ページ；日経産業新聞 2018/07/02 001 ページ；日経産業新聞 2020/09/25 003 ページを参考に作成。

ケース：パナソニック

　パナソニック株式会社は日本の大手電機メーカーであり，白物家電や AV 機器をはじめ，住宅分野や車載分野なども手がける。国内では，日立製作所やソニーとともに大手の一角を堅持している。

　2019 年度時点での売上規模は，自動車・産業向けが最も大きく，次に家電が続く。かつてはパナソニックのなかで花形だった家電であるが，海外勢の台頭もあり，調子を落としている。

　2018 年度の家電事業の営業利益は 859 億円と，前年より 2 割もの減少となった。家電市場全体が低調だったわけではない。むしろ復調傾向にあった。日本電機工業会によると 18 年の白物家電の国内出荷額は前年比 4.1％増の 2 兆 4452 億円と 22 年ぶりの高水準だった。そうした市場環境を考えると，パナソニックの家電事業の低迷ぶりが目立つ。津賀一宏社長は，

CASE CASE CASE CASE CASE CASE CASE CASE CASE CASE CASE CASE CASE CASE CASE CASE CASE CASE CASE CASE CASE CASE CASE CASE CASE CASE CASE CASE CASE CASE

「知らないうちに，モグラ（不採算事業のこと）が出てきた」と不満を漏らす。

パナソニックにとって，家電事業は安定的に利益を稼ぐ屋台骨だった。しかし，安値攻勢をかける海外勢にシェアを奪われている。英調査会社IHSマークイットによると，2018年のパナソニックの世界シェアは台数ベースで2.8％であり，18.7％の首位サムスン電子，12.2％の2位LG電子といった韓国勢に大きく引き離されている。国内に目を向ければ，ユニークな商品を生み出すアイリスオーヤマなどの新興勢力との競争で伸び悩んでいる。

同社は，2018年秋に開いた創業100周年記念フォーラムで「ホームX」を発表した。ホームXとは，家電や住宅設備を媒介に，「人」と「くらし」をデジタルで結びつけることによる快適な生活を提供するシステムである。例えば，人工知能（AI）を搭載した家電製品がネットにつながり，室内に取りつけたパネルでテレビやライトを点灯させたり，冷蔵庫にある食材からレシピを提案したりする。未来の生活スタイルの提供を目指している。ただ，ネット接続できる家電はまだ一部であり，2021年までにすべての家電製品群でAIを搭載した商品を出すという。

そして，それらを管轄する新たな組織が中国と米国に設立され，1500人規模の開発部隊が商品開発に取り組む。「あこがれハウス」というモデルルームも手掛け，高付加価値モデルの提案で他社との違いを打ち出す方針だ。

出所：同社HPおよび日経産業新聞2019/02/05 003ページ；日経産業新聞2019/08/01 003ページ；ダイヤモンド・オンライン2020/01/06 5:25を参考に作成。

ケース：船井電機

　船井電機株式会社は，AV（テレビ，ビデオなど）機器を中心に製造・販売を行っている企業である。

　FUNAIブランドが日本で注目されたのは，低価格で国内テレビ市場に参入した1980年代だ。スーパーやディスカウントショップに並んでいたアジアメーカーの低価格品の棚を奪い取っていったのである。2000年代以降はOEM*ビジネスを強化し始めたため，国内でのブランド露出は減っていった。そのため，同社は「偉大なる黒子」などとよばれることもある。一方，海外市場では一定の認知度を維持している。特にアメリカでは，ウォルマートなどのスーパーマーケットで，多くのFUNAI製品を見ることができる。

　同社の商品開発戦略の最大の特徴は，新しいカテゴリーが登場したときに，すぐに動かないことだ。ビデオデッキにしてもDVDプレイヤー，液晶テレビにしても，それらが世に出たときに動くことはなかった。多くのメーカーは，成長分野にいち早く入り込もうとするが，船井電機は違う。普及段階に入ってから動くのである。その頃には部品や材料メーカーが育っているため，良質な部材を安く仕入れることができるからだ。

　また，成長期に早期参入しようとすれば早くから研究開発投資をしなければならないが，普及期から参入するのであればそれほど必要にならない。その代わりに，生産プロセスの高度化に投資をしている。トヨタ生産システムを徹底的に調べ上げ，極めて高い生産性を確立している。通常はモジュール**単位で外部企業から購入するものでも，船井電機は構成部品レベルで調達し，自社で組み立てている。生産効率の高い船井電機に

とっては，外部企業に組み立ててもらうよりも自社で組み立てた方が安くつくからだ。

中核部材の自社開発もしない。例えば液晶テレビであれば，画面が表示される液晶パネルを自社開発するのが普通である。この部分で他社製品との違いが出るからだ。しかし船井電機では，汎用タイプの液晶パネルを外部調達する。

船井電機は最先端を求めることはしない。製品の機能で違いを出そうともしない。しかし，コスト競争力には絶対の自信を持っている。そのため，普及期を過ぎて製品の市場価格が低下し，先行メーカーの収益状況が悪化したときに圧倒的な低価格で参入し，シェアを奪っていく。

出所：同社 HP および日経マイクロデバイス 2006 年 4 月号；日本経済新聞電子版 2017/07/05 を参考に作成。
＊　：OEM とは Original Equipment Manufacturing の略。他メーカーに製品を供給し，相手先ブランドで販売することを OEM 供給という。船井電機は，三菱や東芝などに供給していた。
＊＊：モジュールとは，いくつかの部品が組み合わさって特定の機能を発揮する構成品のこと。例えば電源モジュールや通信モジュールなど。

1　提供しない価値の決断

アイリスオーヤマとパナソニックとは，何が違うでしょうか。両社とも顧客に魅力的な価値を提供するために商品開発を進めています。しかし，パナソニックがあらゆる側面での高付加価値化を目指しているのに対して，アイリスオーヤマは止めるべきことを明確にしています。引き算をしているのです。

アイリスオーヤマは，一般的には必要と思われているかもしれな

いが，実際はほとんど使われない機能を見極めて，それらを省くようにしています。使用頻度の低い機能を付け加えると価格が高くなってしまいます。また経営資源が限られているなかであれもこれもとやろうとすれば，すべてが中途半端になり，結局は何も訴求できなくなってしまいます。

　もちろん，パナソニック内のすべての事業や製品が引き算をしていないというわけではありません。しかし，ホームＸは今の段階では引き算は見られません。未来の家電を目指した実験的要素があるため，現時点では多くの可能性を検証しているという理由もあるからでしょう[1]。新規性を求めるユーザーには受け入れられているかもしれませんが，今後一般ユーザーへの普及段階に入れば，ユーザーの悩みを優先順位づけした上での引き算が必要になるでしょう[2]。

　何をするかを決めるよりも，何を止めるかを決めることの方がはるかに難しい意思決定です。その決断によって売上が減少してしまうのではないかという恐怖感がつきまといます。また，昨日までその価値を提供するために努力してきた部下に対して，「その仕事はもうやらなくていいよ」とは，なかなか言い出しにくいでしょう。しかし優れた事業や製品は，その決断から逃げていません。

1-1 トレードオフを見つける

　引き算する価値要素を決める方法のひとつは，トレードオフを見つけることです。ある価値で特徴を出そうとしたら，別の価値は妥協しなければならないことが多いのです。

　再びダイソンとルンバに登場してもらいます。ダイソンの掃除機

1　ホームＸは，シリコンバレーに拠点を構える新製品開発組織パナソニックβ（33ページ，155ページ参照）で開発されている。
2　クレイトン・Ｍ・クリステンセンの指摘の通り，開発が進み顧客の期待水準を上回ると，顧客はその分の対価を支払わなくなる。高付加価値戦略にはそのリスクがつきまとう。顧客が渇望しているかを価値要素ごとに検討する必要がある。Clayton M. Christensen (1997) *The Innovator's Dilemma: When New*

は吸引力の強さで勝負しています。対するルンバは，ユーザーの手間がかからないように，メンテナンスが不要という信頼性を追求しています。より重要なことは，両社とも捨てるべきものを明確にしていることです。ダイソンの掃除機は音がうるさいという不満を耳にします。吸引力と静穏性はトレードオフの関係にあります。もちろん，少しでもモーター音を小さくしようと努力しているでしょうが，吸引力を落としてまで静音性を高めようとは考えていません。

またルンバを生産するアイロボット（iRobot）のCEOは，かつて日本の総代理店から空気清浄機能と撮影機能の搭載を提案されたときに，その場で却下しました。コストが上昇することだけでなく，複雑になって故障率が高まることも理由でした[3]。機能が増えれば当然故障率が高まります。そうすると，メンテナンス不要が実現できなくなってしまうからです。

戦略論の大家であるマイケル・E・ポーターは，戦略とはトレードオフのなかから選択することだといっています[4]。もちろん，両立させる努力は大切ですが，戦略と努力は別物です。軸足を据えなければなりません。

1-2 過剰品質を見つける

もうひとつの方法は，過剰品質を見つけることです。特に日本企業には，過剰とも思われる製品品質やサービス品質が多く見受けられます。それらについて顧客に必要かどうかを尋ねれば「あった方がうれしい」というでしょう。しかし，「その分を価格に上乗せしてよいか」という質問の答えがNoであれば，止めたり適正水準に引き下げるべきです。

Technologies Cause Great Firms to Fail, Harvard Business School Press.［玉田俊平太監修，伊豆原弓訳（2000）『イノベーションのジレンマ―技術革新が巨大企業を滅ぼすとき』翔泳社）

3　日経ものづくり2013年2月号。
4　Michael E. Porter (1996) What Is Strategy?, *Harvard Business Review*, 74 (6), November–December 1996: 61-78.［DIAMONDハーバード・ビジネス・レビュー

自動車ディーラー業界では，かつては納引きが当たり前でした。納引きとは納車・引き取りのことで，車検や新車納車の際に車を顧客の自宅まで届けるなどのことです。こうしたサービスを無料で提供していました。しかし，販売店にとっては手間と時間のかかる仕事です。人手不足によって店が回らなくなった青森のあるトヨタ系ディーラーは，苦肉の策として納引きを中止し，社長名で全顧客に手紙を書きました。すると，全く問題は生じなかったといいます[5]。都市部では公共交通機関が充実しており，郊外では一家に２台は当たり前です。納引きは，過剰品質だったのです。

　過剰品質を是正して成功したビジネスモデルはたくさんあります。LCC（Low Cost Carrier：格安航空会社）は飲食などの機内サービスなどを削減し，イケア（IKEA）は家具の組み立てや設置，配送をセルフサービスにしました。そしてそれらにかかっていたコストを，他の価値要素の強化や価格の引き下げに反映させています[6]。

2　価値提供かコスト削減か

　アイリスオーヤマと船井電機の違いは何でしょうか。アイリスオーヤマは，「なるほど」と思われる機能，つまり潜在的な顧客の悩みを解決するような価値を提供しようとしています。一方の船井電機は安さです。安さはほとんどすべての顧客が望むものですが，安くすることは簡単ではありません。それ以上にコストを削減しなければ儲からないからです。船井電機は圧倒的なコスト競争力を実

編集部訳（2011）「新訳　戦略の本質」DIAMOND ハーバード・ビジネス・レビュー2011 年 6 月号。

5　朝日新聞デジタル 2018/04/23 10:55。

6　LCC のようにほぼすべての価値要素を削減す

る場合は，後述のコスト・リーダーシップ戦略と捉えることもできる。差別化戦略であれば，削減したコストを，選択された価値要素の強化に振り向けることになる。

現し，家電製品を安く提供しています。

　前者は既に説明した差別化戦略です。そして後者はコスト・リーダーシップ戦略といいます。差別化戦略がWTPと売価を高めるのに対し，コスト・リーダーシップ戦略はその名の通りコストを下げることで，自社の取り分（売価－コスト）を増やします。

　前出のポーターは，この2つの戦略はトレードオフの関係にあり，どちらかを選択しなければならないと主張しています。もちろん企業であれば差別化を試みる一方で，できるだけコスト削減を進めるでしょう。しかし繰り返しますが，それは努力であって戦略ではありません。スタンスを明確にしなければ，中途半端な状況に陥ってしまいます[7]。

7　スタック・イン・ザ・ミドル（stuck in the middle）とよばれている。

第 5 章

低コストによる優位性

　ここからはコスト・リーダーシップ戦略の話に移ります。前章の船井電機のようにこの戦略を選択した場合は，後はひたすらコスト削減に取り組むことになります。

1　コスト削減のキーコンセプト

　コスト削減と聞くと，乾いた雑巾をさらに絞るような努力を思い浮かべる方も多いでしょう。もちろん，そうした継続的改善活動も大切です。一方で，コスト削減も頭を使って工夫する必要があります。コスト削減のためのいくつかのコンセプトが存在します。こうした効果を得られるようなビジネススキームを構築することも大切です。

　なお，ここでは人件費やオペレーションコストなどの社内コスト削減について説明しています。サプライヤーからの調達コスト削減は，第2部で説明します。

1-1 規模の経済性

2012年10月に新日本製鉄と住友金属工業が合併して新日鉄住金（のちに日本製鉄に社名変更）が発足しました。さらに2020年4月には子会社の日鉄日新製鋼と合併し，これにより，国内に高炉を持つ鉄鋼メーカーは，日本製鉄，JFEスチール，神戸製鋼所の3社に集約されることになりました。

製鉄メーカーはなぜ合併するのでしょうか。それは規模の経済性が働くからです。規模の経済性とは，生産量が増えるに従って単位当たりのコストが低下することです。工場の設備等の固定費の比率が高い資本集約的産業では，操業度（≒売上高）が増加しても固定費は追加的に発生しません。また，研究開発費などの共通費は事業規模に比例するわけではありません。こうした理由から，単位当たりのコストが低下します。

ただし，小売などの労働集約的産業，コンサルティングなどの知識集約的産業では，規模の経済性が働きにくいことに注意する必要があります。

1-2 経験曲線効果

1945年に設立されたショールダイス病院（Shouldice Hospital）というヘルニア手術専門の病院があります。この病院の医師は，1日に6回，1年間に600回というヘルニア手術をしており，医師の採用基準も「同じ手術を年間何百回も行う忍耐力」となっているくらいです。かつて，ヘルニア手術に似た目の手術や動脈治療を診療項目に含めることが検討されたこともあったのです

が，似ているくらいでは不十分だということで，却下されました[1]。

　この病院が活用しようとしているものは，経験曲線効果です。経験曲線効果とは，累積生産量の増加に伴い単位当たりのコストが低下していくことです。簡単にいえば，慣れによる作業時間の短縮です。経験則ですが，累積生産量が２倍になるごとに，単位当たりコストは 10～30％ずつ減少するともいわれています。

　同じことを何度も繰り返す必要があるため，いろいろなことに手を出してはこの効果が得られません。技術革新や抜本的な改善方法が見つかった場合などは，それまでの経験値がリセットされてしまうので，注意が必要です。

1-3 標準化

　家電や自動車，精密機械などありとあらゆる製品に，モーターが使われています。モーターの用途ごとに多種多様な形状や機能が求められるため，かつては一品一様の状態でした。このわずらわしさから逃れるために，モーター大手のマブチモーターはある策を講じました。

　同社が採った策は，標準化です。大多数のニーズにある程度対応できるような何パターンかの標準品に集約しました。それだけではありません。価格を一気に３～４割も引き下げました。なぜそれができたかというと，品種を絞ったことで大量生産ができるようになったからです。購入側とすれば，自社製品の設計を少しだけ変更すればかなり安く調達できるので，マブチモーターの仕様を前提に製品開発をするようになりました。すると，ますます量産効果を得られるようになったのです[2]。

1　Frederic F. Rechheld（1996）*The Loyalty Effect: The Hidden Force Behind Growth, Profit, and Lasting Value*, Harvard Business School Press.［伊藤良二監訳，山下浩昭訳（1998）『顧客ロイヤルティのマネジメント―価値創造の成長サイクルを実現する』ダイヤモンド社。］；Clayton M. Christensen, Jerome H. Grossman, and Jason Hwang（2008）*The Innovator's Prescription: A Disruptive Solution to the Health Care*, McGraw-Hill.［山本雄士・的場匡亮訳（2015）『医療イノベーションの本質―破壊的創造の処方箋』碩学舎。］

2　日経ビジネス 2001 年 11 月 5 日号。

個々の顧客の要望に対応しようとすれば，当然ながらコストが上昇してしまいます。大多数のニーズを基準に標準化することで効率化を図ることができるのです。

1-4 回転率

　脳ドックという検査があります。MRI（断層撮影診断）によって脳の疾患や萎縮の発症を見つけるための検査です。MRI 装置は，セッティングを変えれば脊髄・脊椎，胸腹部，心臓，消化器分野など全身部位の検査に活用できます。数億円という高価なものなので脳の検査だけではもったいないため，通常は様々な部位の検査にも使っています。それでも，脳ドックの検査料は 4 万円ぐらいになってしまいます。

　東京の銀座に，メディカルチェックスタジオという脳ドック専門の病院があるのですが，通常の半額以下の検査料金を実現しています。その低価格のからくりのひとつが，装置の回転率です。回転率とは，投資をどのくらい活用したかの割合です。固定費比率が高い場合には，特に重要です。

　MRI で様々な部位の検査をしようとすると，検査部位が変わるたびにセッティングを変えなければなりません。メディカルチェックスタジオでは脳以外の検査を行わないことで，セッティングによる時間のロスをなくし，回転率を高めているのです。

　工場の勤務形態を二交代制や三交代制にするのは，生産設備の回転率を高めるためです。飛行機が空港に到達してわずか 15 分で飛び立っていく航空会社は，高い機体回転率を実現しています。

　サービス業では，一定期間内にどれだけの顧客をさばけるかとい

う割合の意味で，回転率という言葉が使われます。牛丼屋の椅子の座り心地が良くないのは，顧客回転率を高めるためです。

1-5 密度の経済性

コンビニエンスストア業界ナンバーワンのセブンイレブンは，数年前までは四国と沖縄エリアには1店舗も出店していませんでした。2012年になって四国進出を発表しましたが，出店計画が尋常ではない数でした。2015年度までに一気に250店を出店し，2019年度までに520店に増やす計画を打ち立てました。2018年に発表された沖縄進出の計画も，2024年までに250店舗を出店するというものでした。

セブンイレブンが享受しようとしている効果は，密度の経済性です。これは，様々なエリアに散らばっているよりも，特定エリアに密集していた方が効率がよくなるという効果です。

店舗が密集していた方がスーパーバイザー[3]の業務効率がよいという理由もありますが，それ以外もあります。セブンイレブンでは窓口問屋制度を用いています。様々な卸売業者が店舗に納品すると受け入れ作業が膨大になってしまうので，すべての商品をいったん窓口問屋に納入してもらい，そこで店舗別に仕分けをして各店舗に配送する仕組みです。店舗が少なければ，この物流システムが成立しません。さらには，弁当やおにぎりなどを供給してくれる提携メーカーもついてきてくれません。専用工場を設立しても採算が取れないからです。

---

[3] スーパーバイザーとは，フランチャイズ加盟店に対して，売上向上のための情報提供や経営アドバイスを行う職務。

2 コスト優位に基づく戦略

　こうした工夫によってコスト削減が進んだとします。コスト・リーダーシップ戦略を採っているのであれば，価格を下げて，顧客数や販売量を増やすことが定石です。それによって，規模の経済や経験曲線効果を一層享受できるようになるからです。

2-1 値下げせずに高利益を獲得する

　ただし，競合企業の反応を予想することも必要です[4]。対抗値下げをしてくる可能性が高い場合は，価格を下げずに高利益を獲得すべきです。お互いが価格を下げてしまっては，共倒れになってしまうからです。相手に値下げの余裕があったり，相手にとって重要な事業であれば，対抗値下げをしてくる可能性が高いので，特に注意が必要です。

2-2 値下げしてシェアを奪う

　一方，競合企業が追随できない可能性が高いならば，値下げをして競合企業のシェアを奪うことが効果的です。デル（Dell）とヒューレット・パッカード（Hewlett-Packard）とのパソコンのシェア争いでの出来事です。2003年にデルが22％もの大幅値下げを決定したのですが，これはヒューレット・パッカードが収益悪化によって追随できないことを見越した上での判断でした[5]。結果

4　Jay B. Barney（2002）*Gaining and Sustaining Competitive Advantage*（2nd Edition），Prentice Hall.［岡田正大訳（2003）『企業戦略論【中】事業戦略編―競争優位の構築と持続』ダイヤモンド社。］

5　日本経済新聞夕刊 2003/08/21 003ページ。
6　ガートナー社の調べでは，2001年の世界シェアは1位のデルが18.4％と，2位のヒューレット・パッカードの13.2％を大きく引き離していた。しかしヒューレット・パッカードが

として，デルは世界シェア1位の座を，ヒューレット・パッカードから奪い取ることに成功しました[6]。

失敗例は，2000年代前半の牛丼戦争です。当時は吉野家，松屋，すき家といった牛丼チェーンが熾烈な価格競争を繰り広げました。値下げで先行する松屋とすき家に対抗するために吉野家が100円も値下げして280円で牛丼並盛を提供すると，松屋とすき家はさらに下回る250円に値下げをしました。結果，吉野家は当初見込んでいたほど客数・売上が伸びなかったといいます[7]。

コンパックと合併したことで2002年には16.2%となり，デルの15.2%を上回ってトップになった。デルの値下げはこうしたなかでの決定であり，これが功を奏したこともあって2003年のデルのシェアは15.0%と，ヒューレット・パッカードの14.3%を上回ることに成功した。

7 日本経済新聞朝刊 2018/07/07 013ページ。

経験価値による差別化

　顧客に売り込むためにプロモーション策を講じ，営業活動をかける。そしてようやく販売できたら，次の顧客に照準を移して売り込みをかける。こうした企業は少なくありません。一方の顧客は購入時点で評価を下すのではなく，使用を通じて企業や製品を評価します。それゆえ，企業は販売した後こそ，顧客に関心を示すべきなのです。これは今から30年も前に，マーケティング学者のセオドア・レビットが主張したことです[1]。

　製品の利用を通じて得られる効用を，経験価値といいます。所有（モノ）から利用（コト）へと消費の意識が移っていくなかで，経験価値はますます鍵を握るようになってきています[2]。ホンダの基本理念に「3つの喜び」というものがあります。「買う喜び，売る喜び，創る喜び」です。「買う喜び」よりも「乗る喜び」の方が，「売る喜び」よりも「つながり続ける喜び」の方が今の時代にふさわしいのではないでしょうか（余計なお世話といわれるでしょうが）。

☐ 付帯サービスの提供

　ホテルにしてもレストランにしても，サービス業であれば顧客がサービスを利用している間中，何らかの価値を提供しようと努めて

1　Theodore Levitt (1983) After the Sales Is Over...., *Harvard Business Review*, 61(4), September-October 1983: 87-93.
2　Bernd H. Schmitt (2003) *Customer Experience Management: A Revolutionary Approach to Connecting with Your Customers*, Wiley. [嶋村和恵・広瀬盛一訳 (2004)『経験価値マネジメント—マーケティングは，製品からエクスペリエンスへ』ダイヤモンド社。]

います。製造業にもそうしたことが求められます。販売後も顧客との接点を維持し，製品の利用価値を高めることに努めるべきです。

　つい先日，ある機械メーカーの事業部長から聞いた話です。その企業は工場向けの電源装置を製造販売しているのですが，競合企業からシェアを奪うことに成功したといいます。初めこそ価格を引き下げて入り込んだのですが，販売後のメンテナンスに力を入れて信頼を獲得し，通常価格での追加発注につなげていったそうです。

　こうしたことをシステムとして仕上げたのがコマツの「コムトラックス」です。ショベルカーなどに搭載されたGPSやセンサーの各種情報がコマツに送信されるようになっており，コマツはこれらの情報を蓄積・分析して，効果的な保守サービスを提供しています。驚くことは，20万円もするこのシステムをコマツの負担で標準装備にしたことです。これは2001年のことで，コマツが創業以来の大赤字に見舞われたなかでの決断でした。しかしこの判断が，その後のコマツの発展につながりました。出荷数はうなぎ上りに増加し，またサービスに満足した顧客は製品の値上げを受け入れてくれるようになったといいます[3]。

　これまで製造業では，製品の利用場面を分析し，使い勝手の良い製品を開発することに取り組んできました。さらに求められることは，製品の使用価値を高める付帯サービスを提供することです。解決策を製品以外に求めるのです。

☐ 顧客とのつながりの創造

　製品特性上，販売後の接点を作りにくい企業もあるでしょうが，工夫次第です。アックスヤマザキというミシンメーカーがありま

3　坂根正弘「建設機械に革命をもたらした
　「KOMTRAX（コムトラックス）」誕生の足跡」
　iXキャリアパス 2013/03/11。

す。JUKI（ジューキ）やブラザー，蛇の目といった世界的にもトップレベルのミシンメーカーがひしめき合う日本市場で，同社の「子育てにちょうどいいミシン」が，ヒットを飛ばしています。

　ミシン自体の機能が優れているわけではありません。むしろその逆で，極めてシンプルです。そのミシンがヒットした理由は，使用方法を動画で説明したことです。QRコードから簡単にアクセスでき，赤ちゃん用よだれカバーや園児用上履き入れを作るためのミシンの操作方法を，動画で見ることができます。このミシンのターゲット顧客はミシンの初心者なので，機能の高さよりも，使い方の紹介の方が価値が高いのです[4]。

☐ 補完的生産者との協業

　同様の方法は，食品メーカーなどで昔から用いられています。調味料等を使った料理のレシピを紹介するなどです。レシピが雑誌やインターネットで紹介されると，調味料の利用価値が高まります。

　こうした付帯サービスは，何も自社で取り組む必要はありません。リソースやノウハウが不足している場合は，他社と組むことも効果的です。仮にレシピ開発のノウハウが十分でなければ，クックパッドのようなレシピ公開サイトと提携し，懸賞金を出すなどの方法もあるでしょう。付帯サービスを提供してくれる提携先が増えるほど，製品の経験価値は高まります。

　自社の製品価値を高めてくれる相手は「補完的生産者」とよばれ，ゲーム理論のなかでその概念が発展しました[5]。例えば，SUV車（Sports Utility Vehicle）にとってはレジャー施設が補完的生産者であり，タブレットにとっては，ネットフリックスのような動

4　もちろんこうした経験価値の提供にはコストがかかる。製品価格に転嫁することも容易ではない。コストを回収する方法のひとつが後述するサブスクリプションである。

5　Adam M. Brandenburger and Barry J. Nalebuff (1997) *Co-opetition*, Linda Michaels Literacy Agency.［嶋津祐一・東田啓作訳（1997）『コーペティション経営―ゲーム論がビジネスを変える』日本経済新聞社。]

画配信サービスが相当します。最近は保育園を誘致した大規模マンションが増えていますが，この 2 つが補完関係にあるからです。

☐ 経験価値の手段としての製品

　サービスが製品に付帯するという関係では，もはやなくなってきています。むしろサービスで価値を提供するために，製品を供給するという発想への転換も必要です[6]。

　ソニーはプレイステーションというゲーム機を販売していますが，実際はゲーム機を使って楽しむサービスを提供しています。プレイステーションプラスという会員制定額サービスでは，月額 850 円で様々なサービスを受けられます。毎月数種類のゲームソフトを追加料金なしで経験できるほか，最も好評を得ているのが世界中の仲間とオンラインで対戦が楽しめるサービスです。2019 年度決算ではプレイステーション自体の売上が減少するなかでも，プレイステーションプラスの売上は好調に推移し，会員数も 4500 万人に迫っています[7]。

　サービスを事業の中心に据えるという考えは，製造業のなかで普及しつつあります。任天堂もプレイステーションとほぼ同様の戦略にシフトしました。2019 年度の「ニンテンドースイッチ」オンライン有料会員数は 2600 万人に達し，1 年間で 2 倍となる勢いで急増しています[8]。アップル（Apple）も iPhone 上で楽しめる音楽や動画，ゲームの配信，クラウド上でのデータ保管サービスに収益源をシフトさせています。2020 年時点でサービス事業の売上比率は既に 2 割に達し，iPhone 自体の売上が頭打ちになるなかでも成長を続けています[9]。次章で紹介する電気自動車のテスラ（Tesla）

6　サービスドミナントロジックという。Stephen L. Vargo and Robert F. Lusch (2004) Evolving to a new dominant logic for marketing, *Journal of Marketing*, 68 (1)：1-17.

7　2020年6月30日時点で4,490万人（ソニー・インタラクティブエンタテインメント HP より）。

8　日経速報ニュース 2020/09/16。

9　日本経済新聞朝刊 2020/09/17 017 ページ。

は，自動運転サービスをサブスクリプション[10] で提供することを考えています。売上高こそは自動車販売が 95％以上を占めますが，粗利ではサービスが 25％を占めると同社は試算しています[11]。

☐ IoTの活用

B2B では，1990 年代からこの流れが進展しました。例えば瀕死の状態だった IBM の CEO に 1993 年に着任したルイス・ガースナーは，ハードウェアからサービスへと事業を転換して再建に成功しました。1990 年代の終わりには，「製造業のサービス化」という言葉も普及し始めました[12]。

こうした流れに拍車をかけたのが，2010 年代から普及し始めた IoT（Internet of Things，モノのインターネット）です。製品に取りつけられた様々なセンサーから，インターネット経由でリアルタイムに情報を収集することができるようになったことで，経験価値を提供できる可能性を一気に広げました。

早くからサービス事業化に力を入れてきたゼネラル・エレクトリックの航空機エンジン事業は，もはや完全にサービス中心に転換しています。同社が提供するメンテナンスサービスでは，飛行中にエンジンの状況をモニタリングし，トラブル発生箇所や修理が必要な箇所を着陸前に把握して部品を用意するとともに，修理の段取りを整えます。顧客である航空会社にとっては，機体の待機時間が削減され，機体稼働率の向上と定時発着という恩恵を受けられます。固定費型の航空業界にとって，機体稼働率の向上は収益改善に多大なインパクトをもたらします。定時発着は乗客の満足度向上につながります。

---

10 一定期間の利用権として代金を支払う定額制のこと。もとは雑誌等の定期購読の意味だったが，2010 年代に入ってソフトウェアや音楽，映画などの定額利用形態が増え，その意味での使用が浸透した。複製コストがかからず重複利用可能な情報財には適しているが，有形財（特に耐久財）の場合はリースやレンタル以上の価値を感じてもらうことが難しい。製品利用時の経験価値を付加することは，効果的方法のひとつだろう。

11 日本経済新聞朝刊 2020/08/04 012 ページ。

12 Peter Baumgartner and Richard Wise (1999) Go Downstream: The New Imperative in Manufacturing, *Harvard*

ここまでであれば前出のコマツと同じです。驚くべきことは，ゼネラル・エレクトリックは，エンジンという製品の対価をもらうことを止めてしまったことです。代わりに「エンジンの稼働時間」や「エンジンの回転数」などの使用状況に応じて課金する料金体系にしました。製品ではなく運航支援サービスという価値を中心に据えるというスタンスの表れでしょう[13]。

Business Review 77 (5), September–October 1999: 133-141. [有賀裕子訳 (2000)「製造業のサービス事業戦略―川下にビジネスチャンスあり」DIAMOND ハーバード・ビジネス・レビュー2000年12月号。]

13　コマツもサービス中心にシフトしつつある。2020年には遠隔監視システムのみのサブスクリプションでも販売を開始した。コマツの建機のユーザー向けではなく，同業他社製の建機ユーザー向けであることが興味深い。日経速報ニュース 2020/10/17。

第 1 部のまとめ

☐ 「この製品・サービスだったらこのくらい支払っても惜しくない」という WTP を高めることが，利益を上げる基本である。一方，総利益額を増やすには，規模が見込まれる市場を対象にすることも大切である。

☐ 魅力的な成長市場を見つけるきっかけとなるのが，マクロ環境の変化である。マクロ環境の変化によって新たな市場が出現したり顧客ニーズが変化したりする。その結果として既存の製品・サービスとの間にギャップが生じれば，市場機会となる。

☐ WTP を高めるには，顧客が満足する価値を提供しなければならない。顧客が満足し，ロイヤルティが高まれば，プレミアム価格の支払や関連購買が見込まれる。また口コミやリピートも増えるため，新規顧客開拓コストの削減にもつながる。

☐ とはいうものの，経営資源が限られているなかでは，あるいはトレードオフがあるなかでは，あらゆる価値要素を高めることはできない。企業は強化すべき価値要素を決断しなければならない。これが差別化戦略である。

☐ 差別化要素の検討は，顧客の悩みを起点にするべきである。顧客自身が明確に言い表せないような悩みを見つけ，その解決策を製品・サービスに組み込むのである。

☐ 自社の強みを活用でき，また競合企業に模倣されにくいという
ような観点も，差別化要素の検討には必要である。つまり，
3C（顧客・市場：Customer，競合：Competitor，自社：
Company）から検討する。

☐ 「モノ」から「コト」へと消費者の関心が移るなかでは，経験
価値に目を向けることも大切である。製造業であっても，販売
後に顧客との接点を作り出し，製品を利用する上での価値を高
めるべきである。

☐ 差別化には，引き算の思考も必要である。慣習的に提供されて
いた価値要素のなかには不要なものもある。そうしたものを削
減し，その労力を差別化要素の強化に振り向けるのである。

☐ 一方で，より多くの顧客に，低価格という共通的なニーズを訴
求する方法もある。それが可能とするものが，コスト・リー
ダーシップ戦略である。

☐ コスト削減には乾いた雑巾を絞るような継続的改善も必要だ
が，ここでも戦略的な方法を考えるべきである。経験曲線や標
準化，回転率などによるコスト削減効果が得られるようなビジ
ネススキームを構築することも必要である。

Competitor
競合企業との
利益の奪い合い

第1部では，顧客価値を効果的に創造する方法を説明しました。しかし，せっかく価値を創造しても利益を獲得できないことも少なくありません。

企業は様々な相手と利益を奪い合っています。競合企業との競争はもちろん，供給業者や販売先との取引を有利に進めるための交渉もしています。こうした利益獲得競争を効果的に進めるには，高収益性をもたらす構造的要因を理解する必要があります。第2部では，そうした構造的要因を踏まえて利益を獲得する方法を紐解きます。

一方，戦うだけが能ではありません。日々戦っている相手とも手を組むことで，効果的に利益を増やすこともできます。こうした競争と協調の両面から，いかに利益を増やすべきかを説明します。

第6章

業界内における競争

「競争」という言葉からまずイメージするものは，同業他社との争いでしょう。実はその方法は既に説明しています。第1部の差別化戦略とコスト・リーダーシップ戦略です。これらは顧客への価値提供という側面もありますが，同業他社への対抗策でもあります。差別化戦略では他社よりも高いレベルでの価値提供を目指し，コスト・リーダーシップ戦略では低コスト構造で他社を圧倒します。

1 同業他社との競争の回避策

そこで本章では，別の観点から説明します。競争しない方法です。同業他社と競争しないとは違和感があるかもしれませんが，よく考えてみてください。他社と競争すれば多くの場合は売価が下がってしまいます。競争しなければ売価は下がらず，その分，自社の取り分が減らずに済みます。同業他社との競合を回避する策は，利益を増やす常套手段なのです[1]。

まずは，移動体通信業界のケースをお読みください。これまでの主要プレイヤーである NTT ドコモ，au，ソフトバンクは，いずれ

1　ただし，中長期的に見れば企業の競争力が削がれ兼ねないので注意が必要である。競争にさらされている方が業績改善に取り組み，組織学習もなされるからだ。William P. Barnett and Morten T. Hansen（1996）The red queen in organizational evolution, *Strategic Management Journal*, 17(S1): 139-157.

も極めて高い収益性を誇っていました。それはなぜでしょうか。また，楽天の参入後には，業界の収益性はどう変化すると予想されるでしょうか。

ケース：移動体通信業界

　国内の携帯電話サービスは，NTTドコモ，au，ソフトバンクの大手3社が寡占してきた。UQモバイル，マイネオ，ワイモバイルなどのように，俗に格安SIMや格安スマホなどとよばれるMVNO*も同様のサービスを提供している。MVNOサービス事業者は大手3社のいずれかから通信回線を借り受けてサービスを提供しており，立場が弱い。シェアも高くなく，20〜30あるすべての事業者を足し合わせても1割程度しかない**。通信回線を持つ（「キャリア」とよばれる）大手3社が有利な地位にある。

　大手3社の業績はスバ抜けて優れている。NTTドコモ，KDDI（au），ソフトバンクグループの2018年3月期の連結営業利益は合計で3兆円超に達する。上場企業のランキングでは，3位〜5位を占めている。売上高営業利益率はNTTドコモとKDDIが20％，ソフトバンクは国内通信事業に限れば21％である。上場企業の平均は7％弱だということを考えれば，収益性の高さが際立っていることが分かる。

　こうした背景から利用料金の値下げ求める声は後を絶たず，2018年8月には菅義偉官房長官（当時）が「今よりも4割程度下げる余地がある」という衝撃的な発言をして，大手3社を牽制した。

　この発言に先立つ2018年1月のことである。楽天は総務省

が新たに割り当てる携帯電話向け電波の取得を申請する方針を固めた。日本には電波を公平かつ効率よく利用するための「電波法」があり，移動体通信事業を始めるためには総務省から免許を取得するとともに，有限の電波を割り当ててもらわなければならない。楽天はこれに申請したのだ。同社はMVNOサービスを提供していたが，回線を借り受けて行うビジネスに限界を感じ，大手3社同様に自前で通信回線を持つ業者として参入することを決めたのである。

　この申請は同年4月に認められた。とはいうものの，申請に通れば安泰だというわけではない。基地局設置等の巨額の投資負担が待ち受けている。NTTドコモは2017年3月までの累計で約1兆8000億円，auは約1兆7000億円を投資してきた。対する楽天も6000億円もの額を設備投資に振り向け，先行する3社を追撃する。しかし，財務基盤が盤石な既存の大企業3社との競争に耐えることができるのか。株式市場も懐疑的な目を向けており，楽天の電波取得申請意向が伝わった2017年末には，楽天株は2日連続で値下がりした。

出所：各社HPおよび日本経済新聞朝刊2018/08/25 003ページ；日本経済新聞朝刊2017/12/16 007ページを参考に作成。
＊　：Mobile Virtual Network Operatorの略で，仮想移動体通信事業者。
＊＊：郵政省の調べでは2018年度のMVNOサービス事業者のシェアは11%程度。

1-1 暗黙的に共謀する

　なぜ通信キャリア3社の収益性は高いのでしょうか。それは，プレイヤーの数が少ないからです。NTTドコモ，au，ソフトバンクの3社しかありませんでした[2]。

2　ここで疑問を抱く人もいるかもしれない。業界
　内企業が超過利潤を得ていた場合は，通常は新
　規参入企業が現れる。しかし移動体通信業界で
　は現れなかった。それは参入障壁の存在による
　（81ページ参照）。

業界内企業の数が少なければ競争は緩やかだと感覚的に分かるでしょうが，果たしてなぜでしょうか。たとえ企業数が少なくても，市場を独占していない限りは価格競争は避けられません。3社だろうが10社だろうが競争の激しさは変わらないようにも思われます。業界内企業数が少ない方が競争が緩やかな理由のひとつは，抜け駆けして価格競争を仕掛ける企業が現れる可能性が低いからです[3]。仮に通信キャリアが5社，10社に増えたとしたらどうなるでしょうか。業界の秩序を乱すような企業が現れる確率が高まります。各社は疑心暗鬼になって，先に価格競争を仕掛ける企業も出てくるかもしれません。

　業界内企業の数が少なかったとしても，値下げをしないことを申し合わせることは容易ではありません。話し合って決めれば談合になってしまいます。しかし，暗黙的にそうした合意がなされることがあります。これを暗黙的共謀といいます。例えばマスコミを使って値下げしないことを発信すれば，他社も安心して値下げ競争を仕掛けてこないでしょう。政府からの値下げ要請に対してKDDI社長が「NTTドコモの出方を見る」と述べたといいますが[4]，これは自分からは値下げをしないというメッセージとして，NTTドコモとソフトバンクに伝わります。

　あるいは，「他店よりも1円でも高ければ値下げします」というチラシを見たことがないでしょうか。かつて，家電量販店で多く見られました。値下げに前向きだと思ったら，大きな間違いです。その反対で，値下げに後ろ向きなのです。自分から値下げをする必要がなくなるのです。こうしたシグナルは談合と同じ効果をもたらします。

　さて，移動体通信業界では3社という企業数の少なさもあり，暗

3　もちろん企業数が増えれば供給過多になって市場価格が下落するということもある。
4　日本経済新聞朝刊 2020/11/26 015 ページ。

黙的共謀が少なからずなされていたものと考えられます[5]。そうした業界に，楽天が第4のプレイヤーとして参入しました。参入時には1年間無料というプランを用意し，5Gでも既存企業の半額以下というプランを打ち出すなど，それまでの業界秩序を乱すような価格戦略に踏み切りました。こうした低価格攻勢によって，NTTドコモ，au，ソフトバンクは一定のシェアを奪われるでしょう。しかしさらに先を見通せば，楽天が一定シェアを確保した段階で，手のひらを反すように暗黙的共謀に加わるかもしれません。今後の楽天の動きと，既存企業の対応が注目されます。

1-2 すみ分ける

　かつて，このようなことがありました。モール型の通販サイト最大手の楽天市場に対抗するために，ヤフーショッピングは2013年に出店料を無料にしたのです。それに対して，楽天市場は追随しませんでした。

　この理由を理解するには，当時のシェア構造が必要です。楽天市場は国内通販市場で3割のシェアを持つリーダー的企業でした。対するヤフーショッピングのシェアはわずか6％でした。もちろん多少のシェアは奪われるでしょうが，その痛手よりも，値下げによる既存顧客からの利益減の方が痛いはずです。さらなる理由は，できるだけ出店費用をおさえたいと考える企業だけではないということです。サポート体制や安心感を重視する出店企業もあるでしょう。そうした企業が多く出店していると考えた楽天は，価格が安いからといってなびく企業は少ないと分析したのです[6]。つまり，競合状態にあったのではなく，すみ分けていると考えたのです。

5　2020年末になって既存3社はサブブランド（NTTドコモのアハモ，auのUQモバイル，ソフトバンクのワイモバイル）での割安プランを拡充したが，この主目的は他社からシェアを奪うことではなく，電波利用料の引き上げも辞さない構えで値下げを要請した政府に歩み寄ったものと理解できる。

6　日本経済新聞朝刊 2013/10/09 015ページ。

自動車業界ではこうした傾向が顕著です。例えばトヨタに対する
ダイハツです。ダイハツは女性を対象にした軽自動車やコンパクト
カー中心という，独自のポジションからはみ出ようとはしません[7]。
この業界では，中・大型車中心のフルライン戦略を採るトヨタや日
産と，軽・コンパクトカー中心のダイハツやスズキが，すみ分けて
いるのです[8]。仮に，ダイハツがトヨタの主戦場に進出しようとし
た途端に（ダイハツとトヨタが資本提携をしていなかったとした
ら），トヨタは本気で対抗策を講じてくるでしょう。

　楽天モバイルも，既存の大手３社とすみ分けを狙う方法もあるで
しょう。激しい競争を求めているのは菅首相（と消費者）であり，
楽天ではありません。また，通信キャリアへの参入は楽天経済圏
（140ページ参照）の価値を高めることが目的であり[9]，大手３社と
伍していく存在になるという野望を抱いていたわけではありませ
ん。楽天モバイルのユーザー数が既存３社ほどにならなかったとし
ても，そのユーザーにおけるECや金融なども含めたウォレット
シェア[10]が高まれば，目的は果たせるはずです。それゆえ低価格攻
勢で既存大手を刺激するよりも，楽天経済圏の他のサービス利用時
に何らかのベネフィットを与えるなど，楽天ならではの価格政策を
用いた方が得策とも考えられます。

1-3 差別化する

　第１部で説明した差別化戦略，つまりユニークな価値を提供する
ことは，業界内競争を回避する最も基本的な方法です。

　ガソリン業界とアクセサリー業界は，不況時になったときにどち
らが泥沼の価格競争に陥りやすいでしょうか。もちろんガソリン業

7　両社は2016年に資本提携をしてダイハツはト
ヨタの完全子会社になったが，それが理由です
み分けがなされたのではない。その前からすみ
分けていた。むしろすみ分けによってお互いの
事業の重なりが少なかったため，提携がなされ

たと考えられる。

8　同種の戦略を採る企業群を「戦略グループ」と
いう。そして戦略グループ間には「移動障壁」
があり，簡単には乗り移れないといわれてい
る。それゆえ，すみ分けが成立する。

界です。ガソリンは典型的なコモディティ品[11]であり，他のガソリンスタンドとの違いを出せないからです。そうした場合は戦う手段は価格しかありません。一方のアクセサリー業界の場合は，製品差別化に成功すれば価格競争を回避できます。その製品を欲しい人は，他のアクセサリーメーカーと天秤にかけないからです。

差別化戦略では，その製品を欲しいと思う人だけで形成されたマーケットで商売をします。つまり，疑似的な独占状態になるのです。あなたの事業が扱う製品がコモディティ化されていないのであれば，競争戦略の観点からも，ユニークな価値を創造すべきです。残念ながらコモディティ品を扱っているのであれば，販売方法や経験価値など，製品以外の要素での差別化を検討してみてください。通信キャリアが提供している通信サービスはコモディティ品ですが，ネットフリックス（Netflix）とのセット割や生活関連サービスとの連携など，様々な付帯サービスで違いを出そうとしています。

残念ながら，全く差別化の余地がないのであれば無駄な検討は止めて，コスト・リーダーシップ戦略で突き進みましょう。

コラム②：5つの競争要因

本章では同業他社との競争を説明しました。しかし，戦うべき相手は他にもいます。次章以降で説明しますが，新規参入企業や川上・川下企業などです。

こうした多面的な競争関係を著したのが，マイケル・E・ポーターの「5つの競争要因（5-Forces）[12]」です。なお，この理論を詳しく説明することが本書の目的ではありません。丁寧に説明している良

9　日経産業新聞 2020/08/28 003 ページ。
10　顧客の購入額に占める自社製品の割合。顧客シェアともよばれる。
11　日用品のように違いを出すことが難しい商品。
12　Michael E. Porter（1980）*Competitive Strategy*, Free Press.［土岐坤・中辻萬治・服部照夫訳（1982）『競争の戦略』ダイヤモンド社。］

書[13] もありますので，興味のある人はそちらを参考にしてください。

　このモデルを提唱したポーターは，産業組織論という分野の研究者です。経済学のひとつの分野であるこの学問領域は，特定の業界が超過利潤を上げているような状況を悪とし，是正を目指すものです。その研究成果は，米国の反トラスト法や日本の独占禁止法に反映されています。

　さてポーターによれば，超過利潤が生じやすい業界構造があるといいます。周囲の企業に対して優位に立てるような構造的要因です。経営学では産業組織論での知見を逆手にとって，儲けやすい業界を見つけるためのモデルとして使われています。言い方は悪いですが，独禁法すれすれの環境が望ましいということです。ポーターが整理した超過利潤を得にくい構造要因は，図表6-1の通りです。これと反対の状況が，利益を上げやすい環境になります。

　ただし，このモデルは業界を分析するものであり，個別企業の戦略検討にはそのまま利用することはできません。応用するための工夫が必要です。まずは，業界構造を俯瞰した上で利益を奪い取る相手を見つけ出します[14]。そして，図表6-1のなかで自社が動かせるものを探し，自社が超過利潤を得られるように動かします。個別企業としてはコントロールし難いものも多いですが，中にはコントロールできるものもあります。また，競争環境を動かすための具体的な方法を，第2部で説明しています。

13　例えば，青島矢一・加藤俊彦（2003）『競争戦略論』東洋経済新報社。本書も同書を大いに参考にしている。

14　業界構造の分析および競争戦略の検討方法については，坂本前掲書の第5-6章を参照いただきたい。

《新規参入の脅威》
- 規模の経済性効果の小ささ
- 経験効果等の先行優位性の少なさ
- 必要とする投下資本の少なさ
- 流通チャネルへのアクセス容易性
- 当該製品が差別化できず，スイッチが容易
- 規制の少なさ

《業界内競争の激しさ》
- 企業数の多さとシェアの拮抗
- 成長性の低さ
- 固定費や在庫費用の大きさ
- 製品差別化ができず，スイッチが容易
- 小刻みな生産拡張が困難
- 多様な競争相手の存在
- 業界自体の戦略的重要性の高さ
- 撤退障壁の高さ

新規参入業者

供給業者　→　業界内企業　←　買い手

代替品

《供給業者の交渉力》
- 供給業者の少なさと上位集中度
- 供給製品が差別化され，スイッチが困難
- 供給製品の代替品の少なさ
- 供給業者による垂直統合の可能性
- 供給業者にとっての当該業界の重要性の低さ
- 供給業者の売上に占める当該業界向け比率の低さ
- 供給業者業界の収益性の低さ

《代替品の脅威》
- 代替品の価格性能比の高さ
- 代替品業界の収益性の高さ
- 代替品のスイッチングコストの高さ

《買い手の交渉力》
- 買い手企業の少なさと上位集中度
- 当該製品が差別化できず，スイッチが容易
- 買い手企業による垂直統合の可能性
- 買い手にとっての当該製品の重要性の低さ
- 買い手のコストに占める当該製品の比率の高さ
- 買い手業界の収益性の低さ

出所：Porter(1980) をもとに作成。

第7章

新規参入企業との攻防

　ポーターのモデルにある通り，企業は新規参入業者もしくは潜在的な参入業者と戦っています。既存企業はいかに参入を防ぐか，また参入されてしまったらいかにシェアを確保するかを考えます。一方，新規参入業者は，既存企業の牙城を崩す方法を考えます。

　こうした既存企業と新規参入企業の攻防が，本章のテーマです。まずは既存企業の立場で説明し，次に新規参入企業の立場で説明します。

1　新規参入企業への対抗策

　ワンランク上のくつろげるセルフ型コーヒーショップ，分厚い豚肉と大量の野菜を豪快に盛りつけたラーメン屋，ボリュームあるステーキを安く食べられるステーキハウスなど，魅力的な事業が登場すると，瞬く間に類似の事業が登場します。儲かっていることはすぐに知れ渡ります。その結果，激しい競争に巻き込まれることになってしまいます。

　もしあなたが何らかの市場機会を見つけ，事業が離陸したとしま

す。次に考えるべきことは，新規参入を防ぐことです。NTT ドコモなどの既存企業にしてみれば，できれば楽天の参入を阻止したかったでしょう。そして参入されてしまった今は，何とかしてシェアを奪われないようにしたいと思っているはずです。

　新規参入を阻止するため，あるいは参入されても利益を奪われないようにするための方法には，次のようなものがあります。

1-1 スイッチングコストを形成する

　スイッチングコストとは，取引先を変更する際に生じるコストや手間暇のことです（コラム③，79 ページ参照）。買い手のスイッチングコストを高めることができれば，自社との取引を継続せざるを得ない状況を作り出すことができます。顧客を囲い込めるのです。

　ソフトウェアのアカデミック・ディスカウントがそうでしょう。IBM は，SPSS という統計ソフトを学生向けに安く提供しています。学生支援という意味もあるでしょうが，操作に慣れさせてしまうという目的もあると考えられます。就職後に他の統計ソフト会社がアプローチしてきた場合に，改めて使い方を学ばなければならないために乗り換えることが面倒に感じます。

　移動体通信業界で最も高いスイッチングコストは，電話番号が変わってしまうこと，そして契約解除料や乗換手数料でした。しかし総務省主導でこれらの是正が進められ[1]，スイッチングコストはどんどん低下しています。各社はdポイントなどのポイント制度を導入するなど，新たなスイッチングコストの形成に努めています。

1　日本経済新聞朝刊 2020/09/08 005 ページ。

1-2 重要で希少な資源を占有する

　モバイル向けのナビゲーションアプリを開発したウェイズ（Waze）というイスラエルのベンチャー企業があります。このアプリは，2013年時点で世界193カ国の5000万人以上に使用されていました。これに目をつけたのがフェイスブック（Facebook）です。地図情報サービスを強化すべく，同社と買収交渉を進めました。このような動きに敏感に反応したのがグーグル（Google）です。グーグルマップの競合になり得るこの動きに対して，グーグルはウェイズを先に買収してしまいました。もちろん，純粋にその企業の技術や顧客数に魅力を感じたこともあるでしょうが，フェイスブックへの対抗策でもあることは間違いないでしょう。

　事業を開始するために欠かせない重要な資源がある場合は，それを押さえてしまえば，強力な参入阻止策になります。一般的には，特許，原材料へのアクセス，流通網へのアクセスなどがあります。移動体通信業界では，電波がまさに重要かつ希少資源です。

　こうした資源の先取り競争は，多様な場面で繰り広げられています。欧州の高級チョコレートメーカーは，カカオ畑を押さえることに躍起になっています。チョコレートの味はカカオで決まるので，良いカカオ畑を求めてジャングル奥地まで入っていき，独占契約を結ぶ努力をしています。小売業であれば，数少ない一等地を先に押さえてしまうことが常套手段です。そうすれば，他社が出店しづらくなるからです。

2　梶井厚志（2002）『戦略思考の技術』中公新書。

3　ダイパーズ・ドットコムはブランド名であり，正確には運営会社のクイッツィの買収である。

4　この対抗策は，トイザらス（TOYSЯUS）への対抗策を流用したものだった。おもちゃ通販で先行されたアマゾンは，同社より5%安く値づ

1-3 一次的に価格を引き下げる

　もし規模の経済性や経験曲線効果がある産業であれば，既存企業の方がコスト優位に立っているはずです（参入障壁に安住して怠けていれば別ですが）。そこで価格を下げて，参入する魅力を低下させてしまうという方法もあります。自らの利益も減ってしまいますが，新規に参入されるよりかはましな場合も多くあります。

　例えば，バス業界における規制緩和前の出来事です。2001年から運賃設定やバス事業参入に関する自由化が始まりましたが，既存のバス会社は2000年のうちから運賃の値下げを実施しました。新規参入の魅力を低下させることで，参入を阻止するためだともいわれています[2]。またOPECは，シェールガス企業を退出させるために，意図的に増産して原油価格を低下させることを繰り返しています。実際，損益分岐点の高いシェールガス陣営は，そのたびに操業を停止しています。

1-4 若いうちに芽を摘む

　新規参入企業が将来的にライバルになる可能性の高い場合は，まだ小さいうちにつぶしにかかることがあります。

　象徴的な出来事は，急成長するベビー用品通販サイトのダイパーズ・ドットコム（Diapers.com）に対する，2010年のアマゾンの買収工作でしょう[3]。買収提案が拒否されると，アマゾンは紙おむつなどの大幅値引きに踏み切りました[4]。とても分かりやすい嫌がらせです。アマゾンCEOのジェフ・ベゾスは，同社をたたきつぶすためだったと言っています[5]。追い詰められたダイパーズ・ドッ

けする社内ルールを作って対抗した。ダイパーズ・ドットコムへの対抗策では，1カ月で2億ドルまでの損失が認められたという。日本経済新聞朝刊 2020/08/31 006 ページ。

5　Brad Stone (2013) *The Everything Store: Jeff Bezos and the Age of Amazon*, Little, Brown and Company. 井口耕二訳 (2014)『ジェフ・ベゾス 果てなき野望－アマゾンを創った無敵の奇才経営者』日経BP社。]

トコムは白旗を揚げ，アマゾンに買収される道を選ぶことになりました[6]。これだけではありません。次にアマゾンは，ザッポス（Zappos）という急成長中の靴のネット通販会社に目をつけました。買収提案が拒否されると，わざわざ他の靴のネット通販を買収し，ザッポスよりも安い値段で靴を販売したのです。抵抗むなしく，ザッポスは買収されてしまいました[7]。

　アマゾンだけではありません。グーグル，アップル，フェイスブック，マイクロソフトも，強力なライバルに育つ前に買収を繰り返しており，米国連邦取引委員会（FTC）が問題視している買収案件だけでも，数百件にのぼります。2012 年のフェイスブックによるインスタグラム（Instagram）買収もそのひとつです[8]。フェイスブック CEO のマーク・ザッカーバーグが 2011 年に同僚に宛てたメールには，「もしインスタグラムが成長を続けたら，あるいはグーグルが買収でもしたら，あと数年もすればフェイスブックがやっていることを全てコピーされてしまう」という危機感がつづられていたといいます[9]。

1-5 ロビー活動をする

　古典的な方法ですが，政府に働き掛けて規制を強化してもらうという方法もいまだ有効です。例えば，日本に限らず世界中のタクシー業界は，ウーバー（Uber）の参入を阻止するために，必死でロビー活動をしてきました。

6　日本経済新聞電子版 2018/3/21 6:30。
7　成毛眞（2018）『amazon 世界最先端の戦略がわかる』ダイヤモンド社。
8　日本経済新聞朝刊 2020/02/13 010 ページ。
9　日経速報ニュース 2020/12/13。

10　ネットワーク外部性以外に，経験曲線効果が大きい場合や，経験財の場合も早期にシェアを押さえることが効果的となる。経験曲線効果が大きい場合は，累積生産量の増加に伴ってコスト優位に立てるからだ。購入前の品質判断が難し

1-6 早期に利用者を増やす

　利用者を早期に増やすことが強力な参入障壁になる事業特性があります。その特性とは，ネットワーク外部性です[10]。

　製品・サービスの利用者数が増えるほど利用価値が高まる効果を，ネットワーク外部性といいます。電話が典型的です。フェイスブックやLINEなどのSNSでもネットワーク外部性が働きます。加入者がひとりだけでは全く利用価値がありませんが，利用者が増えるほど多くの人とのコミュニケーションができるようになり，利用価値が高まります[11]。

　このような特性がある場合は，たとえコストを負担してでも，早期に利用者を増やすことが鍵となります。利用者が増えれば後発企業に対する優位性が指数関数的に高まります。グーグルはSNSの可能性を見落とし，参入が遅れました。2011年にグーグルプラス（Google+）で参入したものの，先行するフェイスブックとの溝を埋めることはできず，2018年にサービス終了を決定するに至りました。グーグル元CEOのエリック・シュミットは，SNS市場の成長を見逃したことが最大の過ちだったと回顧しています[12]。

コラム③：スイッチングコスト

　取引先を切り替えるための費用や手間暇を，スイッチングコストといいます。スイッチングコストが高ければ取引の継続性が高まるため，企業は様々な方法でこのコストを高めようとしています。スイッチングコストは，いくつかのパターンに分類できます（図表7-1）。

い経験財の場合は，一度使った製品を使い続けようとするからだ。こうした特性がある場合は，先に動き出した方が有利になる。これをファースト・ムーバー・アドバンテージという。

11　移動体通信業界の場合は通信キャリア間の相互

通話ができるため，特定のキャリアの利用者数が増えても，そのキャリアだけの利用価値が高まるわけではない。キャリア内の通話割引制度があれば，当該キャリアの利用価値が高まる。

12　Bloomberg電子版2014/01/02。

ひとつ目のパターンは，顧客の学習です。既に紹介した IBM の統計ソフト SPSS の事例は，まさにこのパターンです。

　2 つ目のパターンは，入会金や違約金，ポイント制度です。言い換えれば，失うものの大きさです。支払済みの入会金が無駄になってしまうので，フィットネスクラブを変更しかねている人もいることでしょう。

　3 つ目のパターンは，自動更新です。更新時期を常に意識し，そして自分からアクションを起こさなければ解約できないのです。最近急増しているサブスクリプションの多くもこのタイプです。

　4 つ目のパターンは，インストールベースです。本体装置や仕組みを顧客に組み込んでしまうことで，継続取引を促すことです。最近普及してきているウォーターサーバーもこのパターンです。

　そして最後は，コミュニティです。ハーレーオーナーズグループで仲間とのツーリングを楽しんでいる人は，BMW に乗り換えたら仲間とのツーリングができなくなってしまいます。こうした顧客間のコミュニティを形成することも，スイッチングコストを高めます。

[図表 7-1]　スイッチングコストの形成パターン

形成方法	コスト	事例
顧客の学習	● ブランドスイッチした場合は，再び操作方法を学ばなければならず，それは負担になる。	● ソフトウェアのアカデミックディスカウント
入会金・違約金・ポイント制度	● 解約した場合は，それまでの積み立てが無駄になったり，失うものが発生する。	● フィットネスクラブの入会金 ● マイレージサービス
自動更新	● 自らが複雑なアクションを起こさなければならないなど，解約行為の手間暇が大きい。	● 通信キャリアの解約制度 ● サブスクリプションの多く
インストールベース	● 本体装置や仕組みを顧客側に組み込むことで，逃れにくくする。	● 複写機業界 ● ウォーターサーバー
コミュニティ	● コミュニティから脱退したくないという感情が，ブランドスイッチのコストになる。	● ハーレーオーナーズグループ ● ソーシャルネットワーキングサービス

出所：坂本雅明 (2016)『事業戦略策定ガイドブック』同文舘出版，p.137，一部修正。

2 既存企業への対抗策

　前節では，既存企業の立場から新規参入を防ぐための策を説明しましたが，本節では立場が逆転します。新規参入を果たすための策を説明します。

　新規参入の際に立ちはだかるのが，参入障壁です。前述の移動体通信業界のケースでは，規制という障壁がありました。政府から電波を割り当ててもらえなければ事業を始められないのです。そして巨額な設備投資もそうです。6000億円もの初期投資が必要となれば，たとえ収益性が見込まれていても，万が一失敗したときのことが頭をよぎるでしょう。こうした参入障壁もあり，移動体通信業界では主要プレイヤーが3社だけという状態が続きました。

　一方，参入障壁を乗り越えて，次々と企業が参入し始めた業界もあります。自動車業界です。これまでは，強固なピラミッド構造の頂点を成す自動車メーカーへの参入は，ほぼ不可能でした。しかし昨今では，全くの異業界からも参入し始めています。なぜ参入できたのでしょうか。そうしたことを考えながら，お読みください。

ケース：自動車業界

　自動車業界は，トヨタやホンダ，日産などの自動車メーカーを頂点にして，多くの下請け部品メーカーが系列をなすピラミッド構造を作っている。それら系列メーカーとともに，「擦り合わせ*」とよばれるきめ細かな設計・製造上の調整がなされ，完成度の高い自動車が開発・生産されてきた。

　これまでは業界構造を変えるような大きな変化のなかったこの業界に，100年に1度といわれる大変革が訪れている。そのひとつが電気自動車（EV）の登場であり，2003年に米国で創業したテスラは，ゼロからの参入だったにもかかわらず，2020年3月に累積生産台数が100万台を突破した。年間販売台数（2019年実績）は37万台とトヨタの5%程度に過ぎないが，株価時価総額はトヨタを抜いて自動車業界で世界一になった。

　電気自動車は，従来のガソリン車とは様相を異にする。スポーツカータイプのテスラの電気自動車は，アクセルを踏み込むと一気に加速し，ガソリン車特有の振動は一切感じない。ボンネットを開けると当然のことながらエンジンはなく，トランクスペースになっている。その代わり後輪付近にモーターが設置されている。モーターを構成する部品点数は100点程度であり，3万点ともいわれるガソリンエンジンに比べるとはるかに単純な構造である。そこでは自動車メーカーのお家芸だった擦り合わせ技術の重要性は低下する。極論すれば，車体にバッテリーとモーターを取りつければ自動車が完成する。

　家電やパソコンの生産受託で成長したEMS（電子機器受託製造サービス）がこの流れを加速させている。電気自動車の基幹部品の製造に進出し始めたのである。電気自動車メーカーからの注文に基づいて部品を調達し，ドアなどを製造して納入する。自動車版EMSのあるCEOは，完成品でも作る自信があると息巻いている。アップルの生産受託で知られる台湾の鴻海精密工業も，テスラのCEOであるイーロン・マスクからの誘いに応じて，2014年に自動車部品事業に参入した。

　従来からの部品メーカーも電気自動車へのシフトを進めている。日立製作所やパナソニックの自動車部品部門，トヨタグループの自動車部品メーカーであるデンソーや豊田自動機械，アイシン精機などが，電気自動車向けの部品を強化している。従来はトヨタ系部品メーカーの株価はトヨタ自動車の株価に連動していたが，2007年以降は乖離が大きくなっているくらいだ。

　自動車の販売やメンテナンスを手掛ける自動車ディーラー網の重要性も低下する。自動車メーカーにとっては，地理的に散在するユーザーからの修理依頼に対応することは難しく，自動車ディーラーとのネットワークが欠かせない。特に，メーカー系列の自動車ディーラーが大半の日本市場では委託先を見つけることは難しいし，かといってゼロから自社系列のディーラー網を築くことは現実的ではない。これが従来の業界構造だった。

　ところが，電気自動車はメンテナンスも簡単になり，大がかりな修理設備を持つディーラー網も不要になる。実際にテスラは，テスラ車を扱いたいという独立系ディーラーの要望には耳を貸さず，メーカー直販のみで販売している。メンテナンスはリモート診断やソフトウェアアップデートのほか，数カ所の直営サービスセンターで対応している＊＊。

　テスラ以外にも自動車業界への新規参入を表明する企業が相次いでいる。例えば家電量販最大手のヤマダ電機である。同社はベンチャー企業のFOMM（フォム）に出資して軽自動車で4人乗りの小型電気自動車を開発する。部品は中国の自動車大手から調達し，組み立ては船井電機に委託するという。完成車は

ヤマダ電機の店舗やネット通販で販売され，修理サービスは他社と連携する。価格も1台100万円以下に抑えることができるという。

出所：各社HPのほか，The Wall Street Journal 電子版 2013/06/18 14:20; 日経産業新聞
　　　 2014/09/05 001ページ；日本経済新聞朝刊 2016/08/06 001ページ；日本経済新聞朝刊
　　　 2017/10/31 001ページ；日本経済新聞朝刊 2017/12/27 018ページを参考に作成。
＊　：東京大学大学院教授の藤本隆宏が提唱した概念。限られた空間に様々な部品を並べようとすると，ある部品が発する熱や高周波などが，他の部品に悪影響を及ぼすことがある。そうならないように微妙な調整をしなければならない。自動車ではエンジン，サスペンション，シャシー，ボディーなどの微妙なバランスが乗り心地に影響し，それらの微調整も必要になる。擦り合わせ型の反対が，「組み合わせ型」である。
＊＊：米国内では114カ所，日本国内では東京，横浜，大阪，名古屋の4カ所（2020年12月時点）。

2-1 参入障壁を回避する

　既存企業を守っている参入障壁がある場合は，その障壁を回避したり壊さなければなりません。それに取り組んだのが，テスラでした。

　同社が回避した主な障壁は3つです。ひとつは設計・製造技術です。従来のような高度な擦り合わせ技術が不要になり，モジュールを組み合わせれば完成品を作れるようになりました。

　2つ目は部品供給業者の系列ネットワークです。部品点数が3万点もあるガソリン車では，多種多様な部品供給業者との関係性を築かなければなりませんでした。しかし電気自動車の部品点数は100点程度であるため，その難易度は格段に下がります。

　そして最後が，販売網です。修理網といった方が適切でしょう。昔は大型家電が故障したら，サービスエンジニアが自宅まで来て何時間もかけて修理をしていました。しかし今はモジュールを交換するだけです。それと同じような変化が自動車業界でも起こるのです。従来は訓練された修理工を抱えた販売網を全国津々浦々まで張

り巡らさなければなりませんでしたが，電気自動車の場合はその必要性が低下したのです。

●タイミングを見定める

参入障壁は常に高くそびえ立っているわけではありません。低くなることもあります。そのため，いつ本格参入するのかを見定めることも大切です。そしてそのタイミングは，事業環境が変化したときに訪れます。テスラは，環境意識の高まりと技術革新という千載一遇のチャンスを捉えました。

インターネットの高速化という技術変化にタイミングを合わせてオンラインでの映画配信を開始したのが，ネットフリックスです[13]。同社の参入は，ビデオレンタル界の頂点に君臨していたブロックバスター（Blockbuster）を破綻に追いやりました。

本書執筆時点でスパイスカレー店が増えていますが，この背景にも環境変化があります。長らくの間，スパイスの調達が開店の障壁になっていました。エスビー食品，ハウス食品といった大手以外は，多様なスパイスを安定的に仕入れることができなかったのです[14]。しかし最近では，様々な国から多様なスパイスを輸入する貿易会社が増えました。こうしたことでスパイスを調達しやすくなり，個性的なスパイスカレー店が増加したのです。

●障壁を分析する

一見，高い参入障壁に守られている業界であっても，その障壁を分析すれば，回避策が見えてくることもあります。

例えばネットワーク外部性が働く場合は後発での参入が難しいことは先に説明しましたが，ネットワークの範囲や密度を分析すれ

---

13 ネットフリックスが参入した1997年当時はインターネットの速度が十分ではなかったため，ひとまずDVDの郵送方式で参入し，タイミングの到来を待った。日本経済新聞 2018/12/02 002ページ。

14 カレーハウスCoCo壱番屋が1300店以上も運営できるのは，親会社のハウス食品からスパイスを安定的に調達できることが大きい。

ば[15]，参入の可能性を見出せる場合もあります。例えばウーバーの
ネットワークは特定エリア内に限定されます。配車サービスを使っ
て長距離移動をする人は少ないでしょうし，増して海外に移動する
人などは皆無です。グローバルレベルでネットワークを構築するよ
りも，特定エリアで高密度なネットワークを構築する方が利便性が
高まります[16]。その半面，ウーバーが手薄なエリアが生じてしま
い，そうしたエリアで中国の滴滴出行や東南アジアのグラブ
（Grab）が勢力を伸ばしていきました。

　フェイスブックの利用者が増加した日本市場で，後発のLINEが
浸透したのにも理由があります。フェイスブックのネットワークの
範囲は大人でした。ともすれば自分の親とつながってしまう若者は
使っていませんでした。つまり，ネットワークが分断されていたの
です。そしてフェイスブックが侵食していなかった若者をターゲッ
トにしたことも，LINEが新規参入できた要因のひとつだと考えら
れます。

　民泊サイトのエアビーアンドビー（Airbnb）のユーザーは世界
中を旅行するため，ウーバーとは違ってネットワークの範囲はエリ
アに限定されません。しかしコロナ禍で移動制限が続けば，ネット
ワークが分断される可能性もあります。そうなったら，「日本人の
ための日本を再発見する民泊サイト」と銘打って日本に限定して密
度を高めれば，参入の可能性が出てくるでしょう。

2-2 既存企業の反撃をかわす

　参入に成功したからといって，事業が成功するとは限りません。
前節で述べた通り，既存企業から激しい抵抗にあいます。その抵抗

---

15 ネットワークはクラスター化（複数のネット
ワークに分断）されている場合があり，各クラ
スターが及ぶ範囲を分析する。またネットワー
クの密度とはノードの数と関係の強さが影響す
るため，クラスターごとのネットワーク参加者

数と利用頻度を分析する。
16 Feng Zhu and Marco Iansiti (2019) Why
Some Platforms Thrive... and Others Don't,
Harvard Business Review, 97(1), January-
February 2019: 118-125. [鈴木立哉訳 (2019)

をかわさなければ，果実を得ることはできません。

　そのための最も基本的な方法は，これまで何度も説明している差別化です。何らかの特徴的な機能を付加したり，付帯サービスを提供したりして，既存企業との違いを出すというものです。しかし，既存企業も黙っていないでしょう。経験豊富で市場シェアも高い既存企業は，すぐに模倣してきます。それを防ぐ策を講じる必要があります。

● 相手の強みを無力化する

　そのひとつの方法は，既存企業の強みが弱みになるような策を講じることです。強みを活かせなければ，反撃の力が弱まります[17]。

　米国にウィッシュ（Wish）という新興のネット通販会社があります。この会社に対してもアマゾンは買収提案をしたのですが，拒否されました[18]。しかし，同社に対してはダイパーズ・ドットコムやザッポスのときのような対抗策を打ちませんでした。打てなかったといった方が適切かもしれません。ウィッシュのビジネスモデルを理解すれば，その理由はすぐに分かります。ミレニアル世代をターゲットとする同サイトの提供価値は，「発掘」です。衣料品，小型家電，家具などのノーブランド商品が雑然と掲載され，ユーザーは掘り出し物を見つけることを楽しみにサイトを訪れます。アマゾンの平均閲覧時間が数分なのに対して，ウィッシュは20分です。価格もアマゾンよりも圧倒的に安くなっています。低価格で名を馳せるアマゾンよりも安いのです。そうできるのは，在庫を持たないからです。注文が入ってから中国などの工場に発注します。購入者は2〜3週間も待たなければなりませんが，それを前提に注文します[19]。

　　「プラットフォームが成功する理由 失敗する理由」DIAMOND ハーバード・ビジネス・レビュー2019年8月号。]

17　自動車界では，既存企業の強みや資産は参入障壁そのものだった。高度な擦り合わせ技術，

部品供給業者の系列ネットワーク，修理網である。そしてそれらは電気自動車では活用できず電気自動車で反撃することができなかった。

18　日本経済新聞朝刊 2019/08/31 012ページ。

19　日本経済新聞朝刊 2019/08/31 012ページ。

果たしてアマゾンが対抗できるでしょうか。アマゾンは求める商品がすぐに見つかり，最小のクリック数で注文まで到達するサイト構築に力を入れています。また，短納期を実現するためにあらゆる商品の在庫を抱え，物流網に多額の投資をしています。これらの強みが全く使えないなかでは，ウィッシュを追い詰めるようなECサイトは構築できないでしょう。

● 相手を自己矛盾に陥らせる

　既存企業が対抗しようとした場合に，それまでの戦略と矛盾してしまうようにする，つまりトレードオフになって両立できないような策を講じることも効果的です。

　分かりやすい例は，スーパーマーケットの横に出店している，出来たてアツアツの唐揚げ屋です。本書執筆時はにわかな唐揚げブームが到来し，注文を受けてから目の前で揚げてくれるテイクアウト専門の唐揚げ屋が次々と出店しています。意図的にスーパーの商圏に進出し，スーパーで使われるはずだった夕食予算を奪っていく唐揚げ屋は，スーパーにとっては目障りなはずです。しかし対抗はできません。スーパーの売りは，値ごろ感と生鮮食品です。もちろんバックヤードで調理された総菜もありますが，メインではありません。唐揚げを目の前で揚げるスペースを確保し，人手もかけてしまったらどうなるでしょうか。効率的オペレーションと相反してしまいます。また，店内に唐揚げの匂いが充満してしまい，生鮮食品を目当てに来る顧客に嫌な思いをさせてしまうかもしれません。

　何度となく繰り返していますが，ビジネスには必ずトレードオフが存在します。例えば標準化と効率を目指している企業は，顧客への個別対応はできません。安定性や信頼性を売りにしている企業

20　新技術を用いた製品は品質不安が残るからである。例えば品質安定が必須の新幹線は，既存の技術のみで開発された。

21　この戦略に必要なのは，中立性である。2019年時点で全世界で出荷された半導体の3分の1

が，スマートフォン向けに限れば9割がアームの設計図を利用している。半導体メーカーが安心して利用できるのは，アームの中立性による。しかし2020年にクアルコム（Qualcomm）という半導体メーカーの傘下に入ることが発表

郵 便 は が き

料金受取人払郵便

神田局
承認
6162

差出有効期限
令和4年11月
19日まで

１０１-８７９６

５１１

（受取人）
東京都千代田区
神田神保町1－41

同文舘出版株式会社
愛読者係行

毎度ご愛読をいただき厚く御礼申し上げます。お客様より収集させていただいた個人情報は、出版企画の参考にさせていただきます。厳重に管理し、お客様の承諾を得た範囲を超えて使用いたしません。メールにて新刊案内ご希望の方は、Eメールをご記入のうえ、「メール配信希望」の「有」に○印を付けて下さい。

図書目録希望	有　　　無	メール配信希望	有　　　無

フリガナ		性　別	年　齢
お名前		男・女	才

ご住所	〒 TEL　　（　　　）　　　　Eメール

ご職業	1.会社員　2.団体職員　3.公務員　4.自営　5.自由業　6.教師　7.学生 8.主婦　9.その他（　　　　　　　　　　）

勤務先 分　類	1.建設　2.製造　3.小売　4.銀行・各種金融　5.証券　6.保険　7.不動産　8.運輸・倉庫 9.情報・通信　10.サービス　11.官公庁　12.農林水産　13.その他（　　　　　　）

職　種	1.労務　2.人事　3.庶務　4.秘書　5.経理　6.調査　7.企画　8.技術 9.生産管理　10.製造　11.宣伝　12.営業販売　13.その他（　　　）

愛読者カード

書名

◆ お買上げいただいた日　　　　　　年　　　月　　　日頃
◆ お買上げいただいた書店名　　　（　　　　　　　　　　　　　）
◆ よく読まれる新聞・雑誌　　　　（　　　　　　　　　　　　　）
◆ 本書をなにでお知りになりましたか。
　1．新聞・雑誌の広告・書評で　（紙・誌名　　　　　　　　　　）
　2．書店で見て　3．会社・学校のテキスト　4．人のすすめで
　5．図書目録を見て　6．その他（　　　　　　　　　　　　　　）

◆ 本書に対するご意見

◆ ご感想
　●内容　　　　　良い　　普通　　不満　　その他（　　　　　　）
　●価格　　　　　安い　　普通　　高い　　その他（　　　　　　）
　●装丁　　　　　良い　　普通　　悪い　　その他（　　　　　　）

◆ どんなテーマの出版をご希望ですか

<書籍のご注文について>
直接小社にご注文の方はお電話にてお申し込みください。宅急便の代金着払いに
て発送いたします。1回のお買い上げ金額が税込2,500円未満の場合は送料は税込
500円、税込2,500円以上の場合は送料無料。送料のほかに1回のご注文につき
300円の代引手数料がかかります。商品到着時に宅配業者へお支払いください。
同文舘出版　営業部　TEL：03-3294-1801

は，新規性の高い取り組みに後ろ向きになってしまいます[20]。既存企業のやり方や提供価値を分析し，それと相反する方法で参入すれば，既存企業は抵抗できなくなります。

● 黒子として参入する

ショッピファイ（Shopify）というカナダの企業をご存じでしょうか。知らない人も多いかと思います。それは，この企業が黒子だからです。かつて「インテル，インサイド」というキャッチフレーズで，あらゆるパソコンに CPU を供給していたインテルのような存在です。あるいは最近では，多くの半導体メーカーに設計図をライセンス供与しているアーム（ARM）のような存在です[21]。

同社は EC サイト構築を手掛ける企業であり，顧客管理や配送，決済までも支援しています。月額わずか 29 ドルのサービスを利用すれば，誰もがすぐに EC 事業者になれるのです。こだわり製品を作る新興の製造業が D2C[22] でエンドユーザーに直販する形態が増えていますが，それを支えているのが同社であり，2020 年時点で世界で 100 万店もの EC サイトを支えています[23]。株価もうなぎ上りで，さすがにアマゾンの時価総額には及びませんが，楽天の 1.7 兆円をはるかに上回る 13.5 兆円に達しています[24]。

もちろんアマゾンや楽天も，その存在に気づいています。しかし，対抗する術がありません。ショッピファイが支援している EC サイト 1 社 1 社に対抗策を講じても，きりがありません。かといって，ショッピファイと同種の事業を始めてプレッシャーをかけようとすれば，自分自身のライバルを増殖することになります。ショッピファイのように，既存企業と直接対峙するのではなく，鵜飼いのような立場で参入するという方法もあるのです。

された。アームは戦略の見直しを求められるだろう。
22 Direct to Consumer の略。卸や小売を介さずに消費者に販売する形態。
23 日経産業新聞 2020/07/17 001 ページ。

24 2020 年 10 月 1 日時点。その時点の為替レートで算出。

第8章

川上・川下企業との競争

　ここまでは同業他社との競争について述べてきました。しかし，利益を奪い合っている相手は同業他社だけではありません。川上・川下企業とも競争しています。

　このような話があります。1800年代半ばにカリフォルニアで金が出て，一獲千金を狙って多くの発掘者が集まりました。ゴールドラッシュです。しかし，発掘者のほとんどは儲けられなかったといいます。発掘者間の競争が激しかっただけではありません。地元の新聞社主で商人だったサミュエル・ブラナンに利益を持って行かれてしまったのです。金が出たという情報を聞きつけたブラナンは，その情報を新聞に掲載するとともに，シャベルやバケツ，長靴などの発掘道具を買い占めました。そして，仕入れ値の何十倍もの値段で発掘者に売りつけ，巨万の富を築いたのです[1]。発掘者は，発掘道具の提供者とも利益を奪い合わなければなりませんでした。

1　交渉力の源泉

　企業は，川上・川下企業とも争っています。販売先に対してはで

1　野口悠紀雄（2009）『アメリカ型成功者の物語—ゴールドラッシュとシリコンバレー』新潮社。

きるだけ高く買ってもらおうと交渉し，サプライヤーからはできる
だけ安く買おうと交渉します。

　どうすれば川上・川下企業から利益を奪うことができるのでしょ
うか。テレビを見ていると，諸外国との交渉を終えた政府高官に対
して「もっと毅然とした態度で交渉に臨むべきだ」とコメントする
テレビキャスターもいますが，全く意味のないコメントです。毅然
とした態度で臨めない構造的な問題があるのです。単なる意気込み
では状況は好転しません。

　経営戦略も同じです。交渉が不利になる構造的な問題に着目する
必要があります。それらは，日韓貿易紛争の事例から学ぶことがで
きます。日本政府の措置が効果的だった理由を考えながらお読みく
ださい。ちなみに政治的な話をするつもりはありません。あくまで
も競争戦略という観点でお考えください。

ケース：日韓貿易紛争

　2018年度から日本と韓国の間で，歴史認識・防衛問題を巡
る対立が激化し，2019年には貿易紛争に発展した。そして
2019年7月に，日本政府は安全保障上の管理を理由に韓国へ
の半導体材料の輸出管理の運用を厳しくすると発表した。半導
体材料の領域は日本の素材メーカーが高い国際競争力を誇る。
手続きの厳格化で輸出が滞れば，韓国の半導体メーカーにとっ
ての痛手は大きい。半導体が中核産業のひとつである韓国に
とっても同じである。

　輸出管理の運用厳格化の対象は，フッ化ポリイミド，レジス
ト，フッ化水素の3品目に加え，関連する製造技術の移転（製
造設備の輸出を含む）である。

フッ化水素は，半導体基板の表面加工用のエッチングガスに使われている。ステラケミファや森田化学工業，昭和電工などの日本企業が市場シェアを押さえ，その割合は8〜9割とされている。レジストは半導体回路の配線パターンを転写する際に基板表面に塗られる樹脂材料で，JSRや東京応化工業，住友化学，信越化学工業などの日本企業が7〜8割の市場シェアを握っている。

韓国貿易協会によると，対象品目の1〜5月の日本からの輸入額は約158億円だ。そのうち，レジストとフッ化ポリイミドは日本に9割超を依存し，フッ化水素も5割近くを依存している。半導体関連の材料は日韓の技術力の差が大きく，短期的には日本製以外の代替品を調達するのは難しいと見られている。

一方，現時点で関連製品を手掛ける日本企業の業績への影響は限定的な見通しだ。3品目については全社の売上高に占める韓国向けの比率は高くないからだ。

出所：日経産業新聞 2019/07/03 002ページ；日本経済新聞朝刊 2019/07/04 002ページを参考に作成。

1-1 依存関係を分析する

このケースは国家間の関係を扱っていますが，企業間関係にも応用ができます。

フッ化ポリイミド，レジスト，フッ化水素の輸出厳格化という日本の措置が効果的だった[2] 主な理由は，以下の4点です。

---

2 余談だが，日本国にとっては良くても，日本の材料メーカーにとっては災難となった。競争戦略の原則には，「自社が供給する製品が相手の総購入量に占める割合が小さければ，厳しい交渉をされにくい」というものがある。目立たない ために値下げ交渉の優先順位が低くなるからだ。しかしこの政治案件で，日本の材料メーカーの高収益性が明るみになってしまった。輸出正常化後には価格交渉の優先順位が上がるだろうし，新規参入を考える企業も出てくるだろう。

- 韓国の主力産業である半導体製品にとって，欠かせない材料であること
- 韓国の半導体メーカーにとって，日本の材料メーカーへの輸入依存度が高いこと
- 日本の材料メーカーにとって，韓国の半導体メーカーへの輸出依存度が低いこと
- 代替調達（他国からの輸入や自社生産）が簡単にはできないこと

　本節で説明したいことは，2番目と3番目です。相手に対する交渉力の強さは，依存関係に影響を受けます。もし自社に対する相手企業の依存度が高ければ，強気の交渉ができます。しかし，自社も相手に対する依存度が高ければお互い様になってしまいます。そこ

[図表 8-1]　依存関係と交渉力

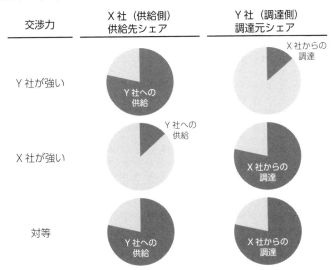

で３番目の要因が加わります。相手に対する自社の依存度が低いという状況です（図表8-1）。

2 交渉力の強化策

　さて，この原則を念頭に置きながら，宅配便業界の事例をお読みください。このケースでは，ヤマト運輸，佐川急便，アマゾンの利益の奪い合いが時系列で書かれています。佐川急便との交渉ではアマゾンは値上げを受け入れなかったのに，ヤマト運輸との交渉では受け入れたのはなぜなのかを考えてください。また，その後のヤマト運輸の再値上げ交渉は上手くいきませんでしたが，アマゾンが何を仕掛けたのかを推測してください。

ケース：宅配便業界

　日本の宅配便市場は大手３社が計９割超のシェアを握る寡占市場である。トップのヤマト運輸（ヤマトホールディングス傘下）がシェア５割近くを占め，約３割の佐川急便（SG ホールディングス傘下）*，２割弱の日本郵便（日本郵政グループ傘下）が続く。しかし，2017 年頃からシェア構造と各社の収益性に変化が生じた。

　宅配便業界にとって，ネット通販最大手のアマゾンジャパン（以下，アマゾン）との取引は採算性が厳しい。大口顧客であるがゆえに，大口割引を求められるからだ。例えば佐川急便である。同社はアマゾンの配送を受託して取扱数を増やし，

2013年3月期には取扱数が5年前より3割も増加した。一方で荷物1個当たりの平均単価は460円となり，5年前より13％急落した。人手不足による人件費高騰も相まって，連結営業利益の目標を下方修正するに至った。

　佐川急便は採算性の向上を目指し，2013年にアマゾンとの値上げ交渉に乗り出した。しかし交渉は決裂し，同社はアマゾンとの取引から撤退する決断を下した。加えてアマゾン以外の採算性の悪い顧客との取引を停止した結果，2017年3月期の宅配便取扱数は2013年3月期よりも10％減ったものの，平均単価は11％上昇した。

　佐川急便が引き受けていたアマゾンの荷物を肩代わりする形になったのがヤマト運輸である。しかし，収益的には苦境に立たされることになる。2017年3月期の宅配便取扱数は，アマゾンの配送を本格的に受託する前の2013年3月期に比べて3割弱増加したが，平均単価は5％下がった。佐川急便同様，ヤマト運輸でも人手不足に見舞われており，自社で対応しきれない分を外部の配送業者に再委託する費用も増加して，純利益は前期比で54％も減少した。

　こうした結果，佐川急便とヤマト運輸の収益性に差がつき始めた。2018年3月期の売上高営業利益率は，ヤマトホールディングスの2.3％対して，SGホールディングスは6.3％。宅配便の荷物ひとつ当たりの儲けは，ヤマト運輸19円に対して佐川急便は38円と大きな差がついた。

　ヤマト運輸も手をこまねいていたわけではない。佐川急便同様に採算性向上に取り組み，2017年10月に個人向け料金を15％引き上げ，大口顧客1100社にはそれ以上の値上げを要請

した。そして 2018 年 1 月までに，値上げを受け入れなかった大口顧客の 4 割との取引を解消した。最大手のアマゾンはというと，度重なる交渉の末，値上げを受け入れることになった。こうした結果，2017 年度の取扱数は，ヤマト運輸が 18 億3600 万個と前年度に比べ約 3000 万個減らしたのに対し，佐川急便は 12 億 6200 万個（同 4300 万個増），日本郵便は 8 億7500 万個（同 1 億 7800 万個増）とそれぞれ増やすことになった。佐川急便の増加幅が 4％にとどまるなか，日本郵便は 3 割近い増加となった。

　2020 年，ヤマト運輸はアマゾンとのさらなる値上げ交渉に臨んだ。日本における宅配便取扱個数は減るどころか，増加の一途をたどっている。ヤマト運輸の受け皿となった日本郵便もすぐには自社物流網の拡張はできず，外部の配送業者へ再委託せざるを得ない状況にあった。そのため，いったん減少した取引もすぐに戻ってくるとの見込みもあった。しかし，ヤマト運輸の目論見は外れ，関係者によると価格据え置きもしくは値下げで合意することになったという。

出所：各社 HP および日本経済新聞朝刊 2017/05/02 014 ページ；日本経済新聞朝刊 2018/01/31 001 ページ；日本経済新聞朝刊 2018/05/12 003 ページ；日経産業新聞 2018/07/02 003 ページ；ダイヤモンド・オンライン 2019/10/22 5:42 を参考に作成。
＊　：ヤマトホールディングスと SG ホールディングスは，宅配便事業の売上高が 8 割を占める。

2-1 依存関係の変化に乗じる

　大量に発注してくれるアマゾンは，価格についても厳しい存在でした。宅配会社は大口顧客を失ってはならないと，アマゾンからの大口割引要求に応じざるを得なかったのです。そうしたなかで，ま

ず反旗を翻したのは佐川急便です。値上げ交渉に臨んだのですが交渉が決裂し，同社はアマゾンとの取引からの撤退を決めました。一方で，その後に交渉に臨んだヤマト運輸は，値上げ交渉に成功しました。この背景にあるのが，依存度です。佐川急便との交渉時点では，交渉が決裂して佐川急便に逃げられたとしても，まだヤマト運輸と日本郵便がありました。しかし，佐川急便に逃げられたことで，ヤマト運輸に対する依存度が一気に高まったのです。ヤマト運輸にも逃げられてしまったら，日本郵便しかありません。ヤマト運輸の取扱量のすべてを日本郵便が引き受けることは無理でしょう。つまり佐川急便が離脱したことで，ヤマト運輸の交渉力が一気に高まったのです。

　しかし，その後の値上げ交渉は難航し，現状維持もしくは値下げで合意したといわれています。これには様々な要因がありますが，そのひとつが，アマゾンによる独自配送網の整備です。アマゾンは新たに「デリバリープロバイダ」を組織化しました。地場の中堅配送業者とその再委託先が参画しているのですが，軽貨物車を用意さえすれば誰でも仕事ができます。荷物には配達する順番のシールが貼られ，最適配送ルートがアプリ上に示されます。このような，初心者でも迷わずに効率的に配送できるシステムを，アマゾンが構築したのです。ギグワーカーという単発の仕事を請け負う労働者が増えたという社会環境も後押ししました。こうしてアマゾンの独自配送網が整備されていったことにより，アマゾンにとってはヤマト運輸の依存度が低下しました。こうした要因もあり，ヤマト運輸の再値上げ交渉が思うように進まなかったと考えられます。

2-2 自分の業界の競争を緩やかにする

　これまで説明してきた通り，交渉力は依存度によって変わります。そしてこの依存関係を，能動的に有利な方向へ転ずることができます。そのための主な方法は，以下の2つです。

　<川上・川下への交渉力の強化方法>
- 自分の業界の競争を緩やかにする
- 相手の業界の競争を激化させる

　自分の業界の競争を穏やかにする常套手段が，合併です。スーパーや百貨店が合併することで，商品を供給するメーカーや卸売業者に対する交渉力が高まります。また，我々消費者に対する交渉力も高まります。それまでは安い食材を求めて複数のスーパーを買い回っていたのが，ひとつのスーパーから買わざるを得なくなってしまうからです。

　協定を結ぶという方法もあります。複数社が共同調達をするようにすれば，供給業者に対して大きなプレッシャーを与えることができます。

2-3 相手の業界の競争を激化させる

　相手の業界の競争を激化させるには，相手業界のプレイヤー数を増やす方法と，自社が自ら相手業界に進出するという2つの方法があります。

　前者を用いたのが，アマゾンです。配送インフラを整備すること

で中堅配送業者の参加を促したことは，既に説明しました。

　後者の代表事例はアップルでしょう。アップルストアを設立し，自社サイトによる直販も行っています。いわゆる垂直統合です。家電量販店は低い利幅を甘んじて受け入れ，ブランドイメージを失わない売り場の設置にも協力していますが，いざという時には自社販売網で販売できるというアップルが強気の交渉をしているものと思われます。

　最近ではテスラも同様の策を講じました。電気自動車の調達コストの3割を占めるバッテリーの自社生産に乗り出したのです。パナソニックや寧徳時代新能源科技（CATL）などのバッテリーメーカーへの交渉材料に使うと見られています[3]。

　なお，つき合っている彼女への交渉力を高めるために二股をかけることは逆効果であることは，さすがに私でも知っている[4]。

2-4 差別化とスイッチングコストを活用する

　既述の差別化とスイッチングコストも，特に川下企業に対する交渉力強化に有効です。差別化がされていれば，買い手企業は複数の企業を天秤にかけることができません。またスイッチングコストが高ければ取引先を変更しづらくなります。つまり，相手は取引を継続せざるを得ない状況になるのです。

3　日本経済新聞朝刊 2020/10/14 013 ページ。　　4　ここも笑うところである。

第9章

競争と協調

　第2部の最後は，少し視点を変えたいと思います。どう変えるのかを説明する前に，ケースを読んでいただきます。スマートスピーカー業界の事例です。アマゾン，グーグル，アップルが自社のスマートスピーカーの売上を増やすために何をすべきかを考えてみてください。

ケース：スマートスピーカー

　スマートスピーカーとは，音声で対話をしながらAI（人工知能）によるアシスタントを得られるスピーカーであり，インターネットを介して音楽鑑賞や調べ物，買い物などのサービスを利用することができる。スピーカーから入力された音声はメーカー側のサーバーに届けられ，サーバー内でAIを用いて最適解が求められ，応答などのアクションがなされる。

　2014年にアマゾンがAmazon Echoを発売したのを皮切りに，2016年にはグーグルがGoogle Homeを，2017年にはアップルがHomePodを発売するなど，複数の大手IT企業から独自AI技術を用いた製品が発売された。日本からもLINEなどが発売したもののわずかなシェアしか取れておらず，2018年の世界シェアはGoogle Homeが約30％，Amazon Echoが約

25％と，この2ブランドで過半数を維持している（HomePod
のシェアは「その他」で扱われるほど少ない）*。ただ，アマゾ
ンとグーグルも安泰ではない。アリババ（Alibaba）や百度
（Baidu）などの中国メーカーも急速にシェアを伸ばしているか
らだ。

　この新たな市場を巡る競争は，スマートスピーカーを超えて
繰り広げられた。Google Home が発売された 2017 年 10 月の
ことである。アマゾンは，同社の EC サイトで Google Home
を扱わなかった。敵に塩を送るようなことはできないと判断し
たのである。それに対してグーグルは黙ってはいなかった。同
社の動画サービス YouTube を，アマゾンのネット配信端末
「ファイア TV」から見られなくしたのである。

　番外編であるが，日本の家電量販店も競争に参戦した。家電
量販店にとってアマゾンは，店頭販売を奪う憎き相手である。
そのライバルの製品を販売することはできないと，当初はヤマ
ダ電機やビックカメラの店頭に Amazon Echo が並ぶことはな
かった。両社が Google Home の販売には力を入れていたこと
とは対照的だった。

　こうしたスマートスピーカーは，単なる応答機能から発展を
遂げてきている。今後期待される使い方は，エアコンや照明，
監視カメラなどの家電機器の制御だ。スマートスピーカーと家
電機器をつないで，音声でオン・オフといった制御をする。

　スマートスピーカーと家電機器をつなぐ「通信方式」があ
る。この通信方式はスマートスピーカーメーカーごとに異なる
ため，家電メーカーはそれぞれに対応した製品を開発しなけれ
ばならない。Google Home, Amazon Echo, HomePod のユー

ザー向けに製品を開発しようとしたら，3種類の開発が必要になってしまう。3種類の在庫を抱えることも大きな負担だ。そのため，特定のスマートスピーカー向けに限定せざるを得ないこともある。一方のスマートスピーカーメーカーにとっては，自社の通信方式に対応した家電機器の種類の多さが，そのままスマートスピーカーの競争力につながる。そのため，できるだけ多くの家電メーカーに，自社向けの家電機器を開発してもらいたいと考える。

出所：各社HP および日本経済新聞朝刊 2017/12/07015 ページ；日経 MJ（流通新聞）2018/04/04 005 ページ；日本経済新聞電子版 2019/12/19 4:09 を参考に作成。
＊ ：テクノジー系調査会社 Canalys 社調べ。

1 競合企業との協調

　前章までの説明に従えば，グーグル，アマゾン，アップル各社は何とかして他の2社を打ちのめし，シェアを増やすことで家電メーカーとの交渉を有利にすることを考えるでしょう。しかし，この段階では適切な策とはいえません。その前にすべきことは協調することです。

　スマートスピーカー市場はまだ拡大している最中です。そしてさらなる拡大の鍵が，家電機器の制御です。しかし3社が独自方式を主張していては，市場が拡大しません。ここは通信規格を統一すべきです。通信規格を統一すれば市場のパイが広がります。拡大しないなかでパイを奪い合うことは得策ではありません。拡大した後に，競争すべきです。このように，右手で握手をして左手で殴り合

うような戦略を，コーペティション戦略（Co-opetition。協調Cooperation と競争 Competition を組み合わせた造語）といいます。

競争戦略ばかりを講じていると，中長期的に行き詰ってしまうこともあります。周囲の企業がどんどん離れていってしまうからです。そうならないためにも，協調戦略との組み合わせが必要です。

1-1 協調して価値を創造する

企業の最終目的は，競争に勝つことではありません。利益，つまり**図表序-1**（3ページ）の売上とコストの差を拡大することです。市場が拡大する余地があるならば，また WTP が高まる可能性があるならば，競合企業とでも協調すべきです。

その全体像はバリューネットとよばれています（**図表9-1**）。協

[図表9-1] バリューネット

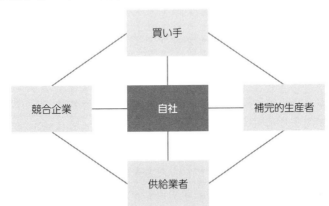

出所：Nalebuff and Brandenburger(1997) をもとに作成。

調する相手は，競合企業だけではありません。顧客と協調することもあります。顧客との共同開発などは，多くの企業で頻繁になされています。繊維メーカーの東レが顧客であるユニクロと共同開発したヒートテックなどは，最たる例でしょう。

　補完的生産者との協調も効果的です。補完的生産者とは第1部（56ページ）で説明した通り，一方の成功が他方の成功につながり合うような関係です。例えば，ゲーム事業です。5Gへの移行を間近に控えた2019年に，グーグルはゲーム事業への参入を果たしました。スマートフォンを使ってクラウド上でゲームを楽しめるものです。グーグルにとって必要なことは，補完的生産者であるゲーム開発メーカーとの協調です。グーグル向けのキラーコンテンツを開発してもらえるかどうかが成否を分けるからです。開発費の一部を負担したり，場合によっては買収するなどして，有力開発メーカーを取り込むような策も必要でしょう[1]。

1-2 協調してコストを削減する

　協調によるコスト削減も可能です。例えば，日本のビール業界ではキリン，アサヒ，サッポロ，サントリーが争っていますが，協調もしています。ビール瓶の共通化が一例です[2]。ビール瓶は再利用がなされますが，複数の銘柄を扱っている飲食店では，ビール会社に瓶を戻すための仕分け作業が大変です。そこでビール瓶を共通化し，どのメーカーに戻されても再利用できる仕組みを整えています。それ以外にも，輸送用のパレットを共有化したり，一部のエリアですが共同配送も進めています。このように標準化や共通化を進めることで，それに参加した企業のすべてが恩恵に預かれるように

1　グーグルに続き，2020年までにマイクロソフト，アマゾンもクラウドゲームに参入した。人気ゲームを手掛けるベセスダ・ソフトワークスの親会社をマイクロソフトが75億ドルで買収するなど（マイクロソフトの歴史上で3番目に高い買収額），補完的生産者の獲得競争が激しさを増している。日本経済新聞朝刊 2020/09/23 009ページ；日本経済新聞夕刊 2020/09/25 003ページ。

2　キリンのみビール瓶の共通化に参加していない。

なります。

　ただし，大きな注意点があります。競争優位の源泉になるような
ものは，決して共通化してはいけません。例えば，ホップの共同調
達などはすべきでないでしょう。味での優位性を出しにくくなって
しまうからです。

2 陣営間競争における協調

　業界内で，いくつかの陣営に分かれて戦われることがあります。
こうした陣営間の競争に勝つためには，陣営内では協調する必要が
あります。

2-1 陣営内で協調する

　成田空港にはジェイアールバス関東，京成バスなど数社のリムジ
ンバスが乗り入れており，東京駅を結ぶドル箱ルートでしのぎを
削っていました。各社ともに 1000 円という低価格でピストン輸送
をするなど，自社のバスを利用してもらうためのサービス向上に取
り組んでいました。

　こうした競合関係にあるなかで，2020 年から共同運行をするこ
とを決めました[3]。この背景には陣営間競争があります[4]。バス会社
は他のバス会社と競争していますが，最大のライバルは成田エクス
プレスや京成スカイライナーなどの電車陣営です。各社ごとに乗り
場や乗り方がばらばらで分かりにくい状況では電車の乗客を奪うこ

3　日経産業新聞 2020/01/15 015 ページ。
4　この事例は代替業界との陣営間競争だが，業界
　内での陣営間競争も多々ある。例えば，2011
　年に銀座の三越とが共同イベントを開催したの
　だが，これはユニクロやザラ（ZARA），H&M

など台頭するファストファッション陣営に対抗
するために，百貨店の魅力を訴えるためのもの
だった。

とはできません。そこで，一致団結して電車陣営と戦うことにした
のです。結果として，乗降場所や乗車方法は統一され，利用者が多
い時間帯には 5 分待てば乗車できるようになりました。

2-2 自陣営の仲間を増やす

こうした陣営間競争は，標準規格を巡る争いで特に激しくなりま
す。

スマートスピーカーのケースでいえば，もしアリババと百度が別
の通信規格を担いだとしたら，規格間競争に発展します。そこでは
規格に参加する仲間を増やし，協力し合うことが，標準規格になる
ための鍵となります。こうした競争は，古くはビデオデッキでの
VHS とベータの競争に始まり，その後も光ディスクでのブルーレ
イと HD-DVD との争いなど，様々な場面で繰り広げられてきまし
た。

最近でいえば，燃料電池自動車と電気自動車の争いでしょう。究
極のエコカーといわれる燃料電池自動車で主導権を取りたかったト
ヨタは，20 年以上の開発を経て 2014 年についに燃料電池自動車
ミライの発売にこぎつけました。しかし燃料電池自動車は盛り上が
りに欠けており，一足早く商品化された日産，三菱の電気自動車と
の差が開く懸念がありました。電気自動車が標準規格になってし
まっては，それまでの開発投資が無駄になってしまいます。そこで
トヨタは，燃料電池の特許を無償公開するという大胆な手を打ちま
した[5]。仲間を増やすためです。自動車メーカーに対しては燃料電
池自動車の開発を促し，また材料メーカーには燃料電池自動車向け
の材料開発を促すことで，電気自動車に対抗しようとしたのです。

5　日本経済新聞夕刊 2015/01/06 001 ページ。

プラットフォーマーの利益獲得

　プラットフォームとは，他社がビジネスを行う土台です。例えばウィンドウズ（Windows）などのOSは，アプリケーションソフトが動作する土台であり，同時にハードウェアが機能する土台でもあります。そのなかでサービス提供者とユーザーとを結びつけるタイプのプラットフォームを，ツーサイド・プラットフォームといいます[1]（**図表T-1**）。例えば，楽天市場は店舗（サービス提供者）と購買者（ユーザー）を結びつけています。本稿ではツーサイド・プラットフォームを前提に，話を進めます。

　プラットフォームという言葉自体は最近よく聞くようになりましたが，こうしたビジネス形態自体は昔からありました。例えば，ショッピングモールは店舗と消費者を結びつけ，家庭講師派遣会社は家庭教師と生徒を結びつけます。

　昔からあるこのビジネス形態が脚光を浴びることになったのは，ICT（情報通信技術）が影響しています。ICTによって効果的にできるようになり，巨大企業が誕生したからです。アプリ開発会社とユーザーを結びつけるiPhone（iOS），スマートフォン端末が機能する土台も提供するアンドロイド（Android），自家用自動車運転手と乗客を結びつけるウーバー，空き部屋を貸したい人と旅行者を結びつけるエアビーアンドビーなどは，すべてICTを活用したプ

---

[1]　前者のタイプを基盤型プラットフォーム，後者のタイプを媒介型プラットフォームということもある。根来龍之（2017）『プラットフォームの教科書』日経BP社。あるいは前者のタイプは，パートナー企業が補完的製品やサービスを生み出す基盤となるという意味でイノベーションプラットフォームともよばれる。Michael A. Cusumano, Annabelle Gawer and David B. Yoffie (2019) *The Business of Platforms: Strategy in the Age of Digital*

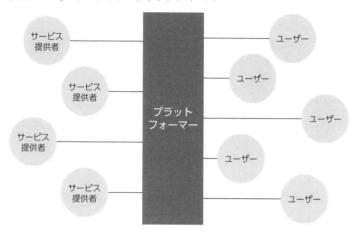

ラットフォーマーです。

■ プラットフォーマーの価値創造

　プラットフォーマーは自らは生産しません。楽天は店舗をひとつも持っていないし，ウーバーも自動車を1台も持っていません。それゆえ，価値を創造するにはサービス提供者とのパートナーシップが欠かせません。いかに多くの，そして有力なサービス提供者に参加してもらえるかが価値創造の鍵となります。場合によってはコスト負担をしてでも，有力サービス提供者に参加してもらうことが必要です。サービス提供者が増えればユーザーが増え，するとますますサービス提供者が増えるという好循環が生まれます。既に説明したネットワーク外部性[2] です。

　一方で，参加者数が増えるほど適切なマッチング先を見つけるこ

Competition, Innovation, and Power, Harper Business. [青島矢一監訳（2020）『プラットフォームビジネス—デジタル時代を支配する力と陥穽』有斐閣。]

2　この場合はツーサイド・ネットワーク効果やサイド間ネットワーク効果などとよばれる。

とが困難になってしまうので，この不便を解消しなければ利用価値が低下してしまいます。そのため，サービス提供者とユーザーの情報を分析して適切な相手を推奨したり（キュレーション），低質な参加者を排除したり（スクリーニング）しています。自分に合った相手が表示される婚活サイトや，登録基準が厳格なベビーシッターサイトなどをイメージすれば分かるでしょう。

■ プラットフォーマーの利益獲得

　サービス提供者を増やすと同時に，それらの企業に価値を奪われないようなガバナンスも必要です。

● 直接取引を排除する

　価値を奪われてしまうパターンのひとつは，サービス提供者とユーザーとが直接取引をしてしまうことです。家庭教師派遣会社から派遣されていた家庭教師が，生徒の親と結託して直接取引に切り替えるなどという話はよく聞きます。ウーバーやエアビーアンドビーは，レビュー制度や保証制度，支払システムによって安全性や効率性を高め，直接取引よりも魅力を高める努力をしています。

　強硬な手段に訴えることもあります。iPhone 向けのアプリ開発会社は，ユーザーと直接取引をすれば 30％もの手数料を支払わなくて済みます[3]。もちろんアップルは，そのような行為を規約違反にしています。人気ゲーム「フォートナイト」の開発会社エピック・ゲームズ（Epic Games）が独自の課金システムの導入を発表したところ，アップルはアップルストアから削除しました。グーグルも同様の措置を取り，訴訟問題に発展しました[4]。

3　もちろんその手数料によってアップルはセキュリティ対策を講じ，ユーザーの信頼を得ることでアプリのダウンロード数が増えるという効果もある。しかし，既にユーザーの信頼を得ている開発業者にとっては，30％という手数料は

割高に感じられている。
4　日本経済新聞夕刊 2020/08/14 001 ページ。
5　The Wall Street Journal2013/02/27 12:51; 2013/02/25 7:42; 2014/06/25 6:37。

● サービス提供者を巨大化させない

　巨大化したエピック・ゲームズは，アップルにとって嫌な存在でしょう。相手への依存度が高まり，交渉力が低下してしまうからです。こうならないように，巨大なサービス提供者を生み出さないことも大切です。

　そのための常套手段は，サービス提供者間の競争を促すことです。巨大化しそうなサービス提供者の対抗馬を支援することもなされています。グーグルにとってはサムスン（Samsung）のギャラクシー（Galaxy）は厄介な存在でした。今でこそファーウェイ（Huawei）やシャオミ（Xiaomi），オッポ（OPPO）という対抗馬が勢いを増してきていますが，2010年代前半ではアンドロイド陣営でサムスンが4割近いシェアを持っており，OSの新バージョンの早期入手やギャラクシーに表示されるウェブ広告手数料の引き上げを迫ったりしました。それに対してグーグルは，他のメーカーを支援することでサムスンの独走を阻止しようとしたといわれています。またスマートフォンメーカーのモトローラ（Motorola）を買収したり，自らピクセル（Pixel）というスマートフォンを投入したのは，保険をかける意味があったからだともいわれています[5]。

　依存度が高くなりそうなサービスを排除するという手段もあります。アリババやフェイスブックはグーグルの検索サービスを使わずに，独自の検索システムを開発しました。アップルは，iPhoneに欠かせないAIアシスタント機能を提供していたシリ（Siri）を買収しました。また，人気アプリだったグーグルマップを排除して，地図アプリの自社開発に挑戦しました。当初は海のなかを通る運行ルートを提示するなどで大恥をかきましたが，グーグルマップ自体がプラットフォーム化しそうな勢いに脅威を感じたからです[6]。

---

6 Geoffrey G. Parker, Marshall W. Van Alstyne, Sangeet P. Choudary (2016) *Platform Revolution: How Networked Markets Are Transforming the Economy - and How to Make Them Work for You*, W.W. Norton & Company Inc. [妹尾堅一郎監修，渡部典子訳 (2018)『プラットフォーム・レボリューション――未知の巨大なライバルとの競争に勝つために』ダイヤモンド社。]

● 競争しつつ協調する

とはいうものの，サービス提供者から利益を奪うことは，諸刃の剣でもあります。先に説明したように，価値を創造するためには有力なサービス提供者が欠かせないからです。

さらにはICTベースのプラットフォームでは，マルチホーミングをしやすいことが少なくないという事情も絡んできます。マルチホーミングとは，サービス提供者やユーザーが複数のプラットフォームを使うことです。複数のショッピングモールに店舗を構えることは多大なコストがかかりますが，楽天市場とヤフーショッピングの両方に出店することはそれほど難しくありません。つまりプラットフォーマーは，ユーザーを増やすために，また他のプラットフォーマーとの競争に勝つために，有力なサービス提供者を囲い込まなければならないのです[7]。

有力サービス提供者を巡るプラットフォーマー間の競争は激しさを増しており，例えばマイクロソフトのXboxやソニーのプレイステーション，任天堂のWiiなどは，スポーツゲーム開発会社のエレクトロニック・アーツ（Electronic Arts）に，特別に優遇したパートナーシップ契約を提供しようと懸命になっていました。またXboxは，アップル向けに人気ゲーム「マラソン」を提供していた開発会社バンジー（Bungie）を買収して，Xbox専用ゲームを作らせました[8]。

有力サービス提供者に対しては，片や優遇し，片や抑え込むという，薄氷を踏むような対応が必要になるのです。

---

[7] もしアップルが他社にもiOSを提供していたならば，グーグルはサムスン（ギャラクシー）の囲い込みに躍起になることだろう。アップルの方針のお陰で，グーグルの交渉力が高く保たれているのである。サムスンが独自OSを開発するというニュースが度々流れてくるのは，こうした力関係を変える目的があると思われる。

[8] Parker et al., op. cit. (2016)。こうした傾向は，「遊び放題」が中心となるクラウドゲームになると，ますます激しくなっている。グーグル，マイクロソフト，アマゾンにおける優良ゲーム開発会社獲得競争は，9章注釈1（104ページ）で述べた通りである。

第2部のまとめ

☐ 顧客価値を創造しても利益を得られないという企業も，少なくない。自社の取り分を増やす競争戦略が必要である。

☐ そのために戦うべき相手は，同業他社だけではない。新規参入業者や川上・川下企業など，自社を取り巻くあらゆる企業と，利益を奪い合わなければならない。

☐ 同業他社との競争の基本は，差別化戦略とコスト・リーダーシップ戦略である。差別化戦略では他社よりも高いレベルでの価値提供を目指し，コスト・リーダーシップ戦略では低コスト構造で他社を圧倒する。

☐ そうした交戦方法に加えて検討すべきことは，競争の回避である。同業他社と競争しなければ価格競争に巻き込まれることもない。そのための方法が，暗黙的共謀やすみ分けである。差別化戦略によって疑似的な独占状態を作ることも効果的だ。

☐ 業界内企業が超過利潤を得ることになれば，同じような思いをしたいと考える多くの企業が新規参入を試みる。スイッチングコストを形成したり，重要かつ希少な資源を先取りするなどして，参入を阻止しなければならない。

☐ 一方で新規参入企業としては，参入障壁を切り崩し，また既存企業からの反撃を回避しなければならない。まずは，参入障壁が低くなるような環境変化にタイミングを合わせて参入を試みることが第一歩である。

☐ 同時に，既存企業の強みを無力化したり，自己矛盾に陥らせるような戦略を検討することで，既存企業からの反撃を回避することも考えなければならない。

☐ 川上・川下企業とも利益を奪い合っていることを忘れてはいけない。交渉力には依存関係が影響する。自社に対する相手の依存度を高め，相手に対する自社の依存度を低めるために，自社業界の競争を緩やかにし，相手業界の競争を激化させる。

☐ 周囲の企業と戦うだけが能ではない。協調した方がWTPが高まり，またコスト削減ができることもある。特に，規格競争など陣営間で戦う場合は，陣営内での協調は必須である。

☐ 最近脚光を浴びているプラットフォーマーは，協調と競争のバランスが特に求められる。サービス提供者との協調が欠かせない一方で，サービス提供者に利益を過剰に奪われないようにする必要があるからだ。

Company
経営資源の活用

第1部では顧客価値の創造方法を，第2部では利益獲得のための競争・協調方法を説明しました。これらを効果的に進めるために欠かせないのが経営資源です。独自性の高い経営資源があればユニークな価値を創造でき，また周囲に対する交渉力も高まります。

しかし，優れた経営資源を持っていれば事業を有利に進められるかというと，そうともいえません。当然のことながら，その活用方法を誤れば果実を得ることはできません。第3部では価値創造のための，そして利益獲得のための，経営資源の活用方法を説明します。

さらには，環境が変化するなかで競争優位性を維持するには，経営資源の弛まぬ刷新も必要です。短期間で経営資源を獲得しなければならないこともあります。そのための方法も説明します。

第 10 章

経営資源の活用方法

　既存企業における戦略策定は，会社をゼロから立ち上げる場合と比べて大きな違いがあります。それは，蓄積された経営資源の存在です。

　既存企業には，それまでの事業活動のなかで培った技術やノウハウ，ブランドイメージ，サプライヤーネットワークなど，様々な経営資源があります。それらを有効に活用することができれば，効果的に価値創造や利益獲得ができます[1]。一方で難しさもあります。経営資源を過剰評価して判断を誤ってしまうことや，経営資源に固執するがために機動性が低下してしまうことなどです。

　初めに紹介する事例は富士フイルムです。デジタルカメラの登場で，それまでの稼ぎ頭だった写真フィルムの需要がなくなってしまった中で，見事に復活を果たしました。成功の背景に何があったかを考えてみてください。

ケース：富士フイルム

　富士フイルム株式会社は，1934年に富士写真フイルムという社名で設立された。社名が示す通り，写真フィルムが主事業の会社であった。当時のカメラはデジタルカメラとは異なり，感光材料が塗られたフィルムを露光させることで像を写し撮っ

1　長期的競争優位の源泉を内部経営資源に求める考えは経営資源アプローチやリソース・ベースト・ビューとよばれ，伊丹敬之の「見えざる資産」やG・ハメルとC・K・プラハラードの「コア・コンピタンス」といった概念が有名であ

る。J・B・バーニーは経営資源をベースとした包括的な経営戦略論（岡田正大訳（2003）『企業戦略論』（上・中・下）ダイヤモンド社）をまとめている。

ていた。それらは銀塩カメラとよばれている。同社は2000年までに、コダック（Eastman Kodak）とともに世界をリードする企業になっていた。

かつての目標は「コダックに追いつけ，追い越せ」だった。現像時間を短縮するために世界規模で現像所を展開するなど，写真フィルム事業に経営資源を集中投下してきた。しかし，2000年を境に状況が一変する。デジタルカメラの普及で，写真フィルム需要が減少に転じたのである。写真フィルム市場は，2000年からのわずか5年間で半減することになった。

もちろん富士フイルムも，写真フィルム需要の減少は予想していた。しかし，その予想は年率1割減だった。それに対して実際は年率25％もの急激なペースで減少を続けた。このような想定を上回る需要減少を受け，主な生産拠点を停止するとともに，写真フィルムに代わる新しい事業の開発に乗り出した。同社は，「第二の創業」と宣言し，2006年には社名から「写真」を取り除いて「富士フイルム」に変更した。

比較的早期に成果を上げた新事業が，偏光板保護フィルム（TACフィルム）である。液晶パネルに欠かせないこのフィルムは，カラー写真フィルムで使われている基板層関連の技術がベースになっている。TACフィルム製造には，わずか80マイクロ（マイクロは100万分の1）メートルの厚みで溶液を組成したり厚みを均一にする必要があるのだが，その手法には写真フィルムで培った技術や人材をそのまま活用できた。2009年には世界シェアは約8割に達し，富士フイルムの量産計画が液晶テレビの量産計画を左右するとまでいわれるようになった。

化粧品事業にも乗り出し，2012年に同社初の化粧品ブラン

ド「アスタリフト」を発売した。もともと富士フイルムでは長年にわたってコラーゲンを研究してきた。写真フィルムにコラーゲンを使うからである。このコラーゲンは肌に良いとされているため，化粧品に応用した。それ以外にも，写真が酸化して色あせしないようにする抗酸化技術は肌の劣化防止に応用され，薄いフィルムに役割の違う化合物を配合するナノテクノロジーは化粧品の肌への浸透度を高めるために効果を発揮した。化粧品事業では様々な有効成分を組み合わせて新商品を生み出すが，富士フイルムには成分を使いこなすための技術が蓄積されていたのである。

　そして最も力を入れているのが，ヘルスケア（医療）領域である。写真フィルム事業とヘルスケア事業は一見，関連がないように思えるが，古森重隆会長兼 CEO は「医薬は飛び地ではない」と断言する。その背景にあるのは写真フィルム開発で培った有機化合物の合成技術だ。同社の有機合成化学研究所には，製薬各社がのどから手が出るほど欲しがるという約 20 万種におよぶ有機化合物のライブラリーがある。化合物のさじ加減で薬の効果は大きく変わるため，創薬のカギを握る合成技術を自前で持っていることが強みだと，自信を見せている。

　銀塩カメラからデジタルカメラへと需要が移るなかで，コダックは 2012 年に倒産した。一方の富士フイルムは，写真フィルムに代わる事業を立ち上げることで見事に再生を果たしたのである。

出所：同社 HP および日経ビジネス 2013 年 3 月 4 日号；日本経済新聞朝刊 2009/10/17 015 ページ；日経 MJ（流通新聞）2012/07/16 006 ページ；日経産業新聞 2008/05/22 010 ページを参考に作成。

1 経営資源とは

　銀塩カメラからデジタルカメラへの転換期に，富士フイルムはそれまでの稼ぎ頭だった写真フィルム事業を延命しようとすることなく，自らデジタルカメラへと打って出ました。それだけではなく，偏光板保護フィルムなどの高機能材料，化粧品，医薬品などの新しい領域に事業を拡張していきました。

　そうした事業展開を可能としたのが，同社に蓄積された技術力です。古森重隆会長兼 CEO は，「当社には化学や物理，機械，電機，ソフトウェアなど様々な技術がある。主として写真で培ったこれら技術を整理し，技術の競争力や潜在性をはっきりさせた。その上で，どういう分野で使えるのかを徹底的に考えた」と述べています[2]。

1-1 経営資源の特殊性

　経営資源という少し曖昧な用語を整理します。少し前までは，「ヒト，モノ，カネ，情報」などといわれていましたが，それ以外にもたくさんあります。経営資源を理解するためのいくつかのポイントを説明します。

　ひとつは，有形のものだけでなく，無形のものも含むということです。現金や土地建物，設備などの有形なもの（有形資産）に加えて，ブランドや技術・特許，社員スキル，組織能力などの無形なもの（無形資産）もあります[3]。デジタルトランスフォーメーション

2　日経ビジネス 2013 年 3 月 11 日号。
3　組織能力を無形資産から分け，有形資産，無形資産，組織能力の 3 つに分類する方法もある。他の組織能力が投入要素（インプット）であるのに対して組織能力だけはインプットではな

く，インプットをアウトプットに転換するための経営資源だからである。David J. Collis and Cynthia A. Montgomery (1998) *Corporate Strategy: A Resource-Based Approach*, McGraw-Hill.［根来龍之，蛭田

が推進されるなかでは，データも重要な無形資産です。

　もうひとつのポイントは，企業内部にあるものだけではないことです。外部との関係性も経営資源です。例えば，顧客との良好な関係性です。会員数やアクティブユーザー数などは，非常に重要な経営資源です。また，取引先（供給業者や販路など）との良好な関係性もそうです。自動車業界におけるサプライヤーネットワークが該当します。

1-2 無形資産の効果

　より重要なポイントは，有形資産よりも無形資産の方が効果が高い場合が多いことです。主な理由は３つあります[4]。

　有形資産はお金を払えば入手できるものが多いですが，無形資産はそうではありません。関係性資産を完全な形で購入することなどは絶対できないでしょう。購入できないため，競合企業は簡単に模倣できません。これがひとつ目の理由です。技術は購入できるという人もいるでしょうが，相手があってのことです。実は富士フイルムが写真フィルム事業に参入しようとしたときにコダックに技術提携を申し入れたのですが，断られてしまっています[5]。

　２つ目の理由は，有形資産は使用するたびに劣化しますが，無形資産は使用するたびに強化されることです。設備などは使えば劣化し，故障も増えるでしょう。しかし，社員の能力やスキルは使うほど高まります。富士フイルムの技術力などはまさにそうでしょう。写真事業のなかで強化されていったことは容易に想像できます。

　最後の理由は，有形資産はひとつの場面でしか利用できませんが，無形資産は複数場面で同時に利用できます。多重利用ができる

啓，久保亮一訳（2004）『資源ベースの経営戦略論』東洋経済新報社。]
4　伊丹敬之（1980）『新・経営戦略の論理』日本経済新聞社。

5　「富士フイルムのあゆみ」富士フイルム HP より。まだ大日本セルロイド株式会社（現ダイセル化学工業株式会社）の一部門だった 1924 年のことである。

のです。会社にキャッシュが1億円あった場合，ある事業に1億円を投資したら，別の事業には1銭も使えません。しかし，無形資産は違います。ディズニーを見れば分かるでしょう。テーマパークにも，映画にも，ゲームにも，文房具にも，あらゆるところにミッキーマウスが登場します。富士フイルムの技術力もそうです。写真フィルム事業と新規事業の両方に同時に活用できるのです。

2 経営資源活用の条件

富士フイルムの事例のように，社内に蓄積された経営資源を活用すれば事業転換や新事業開発が上手くいく，ということを本書で伝えたいわけではありません。むしろその反対です。経営資源を活用すれば上手くいくなどと短絡的に考えるべきではないということです。

経営資源が蓄積されていたにもかかわらず，思ったほど成果が上がらなかった事例を3つ紹介します。上手くいかなかった理由を考えながらお読みください。

ケース：紀伊國屋書店のオンライン書店

書籍といえばかつては書店で購入することが当たり前だった。その風景を一変させたのが，インターネットの登場である。1995年にアマゾンがオンライン書店を開始し（日本でのサービス開始は2000年），その後の快進撃は多くの人の知るところである。

　1990 年代後半にもなると，日本でもインターネットを使った電子商取引（EC）が徐々に根づき始めた。パソコンの世帯普及率が 25％を超えたことも大きい。ネットワーク上の安全性や支払いの利便性などの問題は残っていたものの，EC のさらなる拡大は誰の目から見ても明らかだった。

　こうした時代の流れに対応すべく，日本の大型書店の多くは，アマゾンの日本上陸前に自らオンライン書店をオープンした。そのひとつが株式会社紀伊國屋書店である。日本における書籍販売でトップを走っていた同社は，1996 年にオンライン書店 BookWeb をスタートさせた。洋書 200 万件，和書 130 万件のデータベースから検索できる日本最大のインターネット書籍通販で，3 年後の 1999 年には会員数も 8 万人以上になった。1998 年 8 月期の売上高は 9 億円で，年間で 13 億円にまで増える見通しを立てていた。年商に占める比率はまだ 1％強に過ぎないが，松原治社長（当時）は今後 3 年程度で全社売上高に占める割合を 10％に引き上げ，販売額 120 億円を目指すというという強気の目標を掲げていた。松原社長が注目していたのは，ネット通販の効率性である。販売額 120 億円は都心の大型店に匹敵し，出店コストがかからないことを考慮すれば，投資効果ははるかに高いと考えていた。

　とはいうものの，出版事業は厳しい局面を迎えていた。日本の書籍市場は縮小に転じており，1998 年の販売額は初めて 2 年連続で前年を下回った。ピークの 1996 年に比べると 7.6％の減少である。加えて，アマゾンが日本のオンライン書店市場にいつ進出してもおかしくない。1990 年末の出版業界は，こうした状況だった。

当時のニュースで，アマゾンに対抗できるかどうかを聞かれたオンライン書店の担当者は，「紀伊國屋書店には本をどのように陳列すれば売り上げにつながるかというノウハウがある。そのノウハウを使えば，オンライン書店でも成功する」と自信を見せていた。

出所：同社 HP および日経流通新聞 1999/04/06 002 ページを参考に作成。

ケース：東芝のスマートフォン事業

　数少ない成長市場であった携帯電話端末市場には，東芝や三菱電機などの総合電機メーカー，パナソニックやシャープなどの家電メーカー，NEC や富士通などの IT メーカーがこぞって参入し，乱立状態になった。市場が拡大していたときには，どのメーカーも利益にありつけていた。しかし，2000 年代後半になって市場が飽和状態に近づくと，どのメーカーも利益を上げることが難しくなってきた。

　IT 分野の調査会社 MM 総研によると 2008 年度の国内市場規模は 3589 万台と前年度比で 29％減少し，2000 年度の調査開始以降初めて 4000 万台を割り込んだ。買い替え需要が期待できないなかで，日本の景気減速も重なり，急速に市場が縮小したのである。その結果，携帯電話端末メーカーの業績も軒並み悪化し，2009 年 3 月期の携帯電話端末事業は国内首位のシャープが 32％の減収，3 位の NEC が 50 億円の赤字となった。大手メーカーの経営幹部が「どこかが撤退してくれれば楽になる」と語るなど，業界再編を望む声も増えていた。

　事業立て直しに向けて海外市場重視を鮮明に打ち出したのがシャープである。2008 年に進出した中国で品揃えを広げるほ

か，欧州市場も強化を打ち出した。パナソニックや NEC は，国内での事業再構築を検討した。

　東芝は 2009 年 3 月期の売上高が約 1400 億円と 46％落ち込み，順位も 4 位から 6 位に下落した。その東芝が再起をかけるのが，スマートフォンである。スマートフォンは，携帯電話にパソコン機能を加えたものだと考えればよい。日本市場では 2008 年 7 月にアップルの iPhone が販売開始された。しかし，多くの人はそのような高機能な端末など何に使うのかと懐疑的で，なかなか市場は拡大せず，携帯電話端末メーカーの多くは様子見状態であった。そのような状況で，いち早くスマートフォンに舵を切ったのが東芝だった。通信技術とコンピュータ技術を持つ同社にとっては，開発上の障害はなかった。

出所：各社 HP および日経産業新聞 2009/05/19 003 ページを参考。

ケース：ソニーの携帯音楽プレイヤー事業

　2001 年 9 月，アップルのスペシャルイベントで，スティーブ・ジョブズが iPod を発表した。iPod とは，ハードディスクドライブ*内蔵型デジタル音楽プレイヤーである。最大の特徴は「1000 曲をポケットに入れて持ち運べる」ことであり，ジョブズは当時一般的だったポータブル CD プレイヤーと比較して，「聴きたい CD を忘れてきてしまったと，道端で思うこともない」と，そのメリットを説明した。

　さらなる特徴は，iTunes との連携だ。iTunes とは，2001 年 1 月にリリースされた音楽再生・管理ソフトである。iTunes ソフトが入ったパソコンに iPod を接続すると，選択した楽曲が iPod にダウンロードされる。2004 年には iTunes Music Store

への接続機能が追加され，楽曲のダウンロード購入が，さらにその後は映画のダウンロード購入ができるようになった。この裏には人知れない苦労もあった。違法ダウンロードを恐れて参加を拒むレコード会社に対して，時にはジョブズ自らが説得して回った。

さて，携帯型音楽プレイヤーの元祖は，1979年に発売されたソニーのウォークマンだ。大型プレイヤーでみんなで音楽を聴くというスタイルが主流だった当時に，たったひとりでヘッドフォンで聴くという奇抜なアイデアは，社内からも反対の声が上がった。その声を押し切って売り出されたウォークマンは，売り切れが続出する大ヒット商品となった。

そんなソニーに，iPodやiTunes Music Storeのようなアイデアがなかったわけではない。iPod発売の2年前の1999年にラスベガスで開催された国際展示会で，ソニーの出井伸之社長（同時）は，あるコンセプト商品を披露していた。フラッシュメモリー** という記憶媒体に音楽データを格納する，胸ポケットに入るくらいの小さな機器である。インターネット時代を先取りし，音楽ソフトを有料でダウンロードできる仕組みになっていた。

しかし，結果としてソニーはアップルに先を越された。能力が不足していたわけではない。むしろその逆で，アップルよりも有利だった。実際，1999年にはiPodとほぼ同様の機能の「ネットワークウォークマン」を既に発売していた。グループ企業のソニーミュージックエンターテインメントでは，国内レコード会社10社の出資を受けて2000年までには音楽ダウンロードサービスを始めていた。さらには，多くのアーティスト

が所属するソニーレコードや，映画コンテンツを保有するソニーピクチャーズも傘下に抱えており，コンテンツも充実していた。

出所：各社 HP および NHK 取材班（2013）『メイド・イン・ジャパン 逆襲のシナリオ』宝島社；日
　　　経ビジネス 2012 年 5 月 21 日号を参考に作成。
＊　：情報の記録媒体の一種で，HDD と略される。大容量で低価格。
＊＊：情報の記録媒体の一種で，HDD よりも容量は少ないが，高速でデータ転送ができる。

2-1 事業に合致しているか

　米国でアマゾンがオンライン書籍を開始し，破竹の勢いで事業を拡大していた 1990 年代後半のことです。紀伊國屋書店のケースに書かれていた通り，紀伊國屋書店，丸善，三省堂などの大手書店は，アマゾンの日本上陸を見越して，自らがオンライン書店に乗り出しました。

　大手書店のノウハウは，本に関する知識です。本に詳しい担当者の目利き力で売れそうな本を発掘し，売り場を作ります。そして書店を訪れた我々は，信頼できる売り場担当者がスクリーニング（ふるい分け）し，陳列によってリコメンデーション（提案）してくれた本を手に取ります。ケースに登場した担当者は，こうしたノウハウを活用すればアマゾンに対抗できると考えていました。

　しかしリアル書店とオンライン書店とでは，重要成功要因が異なります。オンライン書店では，ユーザビリティ（サクサク動く，購入までのクリック数が少ないなど）や検索性，そして短時間で届く出荷物流などが成功の鍵となります。もちろん，本に関する知識もあった方がよいでしょう。ウェブサイトのトップ画面にどの本を表示するかで売れ行きが変わるからです。しかしそれは蓄積データの

分析によって自動でできるようになり，目利き力の重要性は低下してしまったのです。

このように仮に素晴らしいノウハウがあったとしても，それが該当事業の重要成功要因に対応していなければ，効果を発揮できません。重要成功要因に対応した経営資源こそが，価値を生むのです。これが経営資源活用のひとつ目の条件です。

さて，紀伊國屋書店の名誉のために補足しますが，ケース中のコメントは担当者の個人的な意見であり，会社を代表したものではありません。また，当時参入したオンライン書店の多くが撤退をするなかで，同社は大学や図書館，官公庁向けの専門書に特化することで，本の知識とリアル店舗で培った法人向けサービスを活用したオンライン書店を展開しています。

2-2 競合より秀でているか

東芝のケースにあるように，成熟した携帯電話市場に見切りをつけた東芝は，国内では最も早くスマートフォン事業に進出しました。その後はどうなったかというと，携帯電話市場と同じように，血みどろの競争に巻き込まれてしまいました。シャープ，パナソニック，ソニー，NEC，富士通といった携帯電話市場でのメインプレイヤーが，スマートフォン市場が拡大すると見るや，雪崩を打つように参入してきたのです。

同業他社は，なぜそれほど短期間で参入できたのでしょうか。それは，スマートフォンに必要な技術の多くを保有していたからです。当時の原始的なスマートフォンは携帯電話とコンピュータが合わさったようなものでした。携帯電話端末メーカーであれば当然通

信技術を持っています。また，当時の電機メーカーのほとんどはパソコンを手掛けていました。それゆえ，競合企業も東芝と同様にスマートフォンに進出できたのです[6]。

実はこうしたことはよくあります。血みどろのレッドオーシャンを脱出し，競合企業がいないブルーオーシャンを見つけたつもりでいても，気づいたらそこもレッドオーシャンになっていたということが。その理由は，同じ業界であれば，保有している経営資源はほぼ同じだからです。経営資源をベースに事業転換を考えると，業界内の多くの企業と同じ方向に進むことが多いのです。

こうしたパラドックスから逃れるには，他社にない，自社ならではの経営資源を見つけ，それを活かすことです。これが2つ目の条件です。

2-3 新たな獲得が困難か

関連して，3つ目の条件を加えます。仮に自社にしかない経営資源が見つかったとします。しかし，その経営資源を他社が容易に獲得できるのであれば，意味がありません。

例えば太陽電池です。太陽電池の製造工程は，半導体や液晶のそれと似ているため，そのノウハウに長けたシャープやパナソニックが2000年代に本格強化しました。しかし，そうした製造ノウハウは製造装置に組み込まれてしまっており，アプライドマテリアル（Applied Materials）やアルバックなどの装置メーカーから製造装置を購入すれば，製造ラインを作れてしまうようになりました[7]。その結果資本力の競争になってしまい，資本力に勝る中国系企業の独壇場と化してしまったのです。

---

6 当時，サムスンの顧問から直接聞いたのだが，日系メーカーはスマートフォンに乗り出す決断はできていなかったものの，どの企業も「その気になればすぐにでも作れる」と話していたという。

7 日本政策投資銀行調査研究レポート2008年4月23日；機械振興協会カレント分析レポート2010年3月。

こうしたことを避けるには，活用すべき経営資源は，模倣困難なものであることが望まれます。例えば電子部品メーカーの世界的企業である村田製作所では製造装置を内製し，ノウハウの外部流出を防いでいます。また主要部品については材料を外部調達せずに，社内で調合しています[8]。こうして，他社が真似できない技術やノウハウを蓄積しているのです。

2-4 組織として活用できるか

　ソニーのケースにあった通り，2001年にアップルはHDD内蔵型の音楽プレイヤーと，楽曲をダウンロードできるiTunesを組合せて，新しい音楽の楽しみ方を生み出しました。

　さて，ソニーはどうだったかというと，iPod＋iTunesのような需要に気づいていなかったわけではなく，むしろそうした構想は存在していました。それだけでなく，必要となるハードとソフトが揃っていました。ハードウェアとしては1999年に発売されたネットワークマンです。USBでパソコンと接続して楽曲を転送するようになっていました。また，ソニーミュージックエンターテイメントでは，2000年までに音楽を有償でダウンロードするビジネスを開始していました。このように，ソニーには新ビジネスに適した技術やコンテンツがあり，しかもそれらは希少性が高く，かつ模倣することは容易ではありませんでした。それにもかかわらず，アップルのiPodの後塵を拝することになってしまったのです。

　その理由を，平井一夫氏社長兼CEO（当時）は，こう説明しています。「ネットワークを介して音楽を楽しむ。コンテンツをダウンロードしてもらうビジネスモデルや商品は，ソニーにもあったわ

8　坂本雅明（2004）「成長企業の戦略分析：村田製作所―ローム，京セラとの比較を通じて」NEC総研創研レポート2004年10月号：47-61。：日本経済新聞朝刊2020/12/25 017ページ。

けです。でも，それぞれの事業ユニットが自分たちなりの考え方を持っているなかで，各ユニットをまたぐようなビジネスに取り組もうとなると，意見調整などに時間がかかってしまった[9]。」

つまり，社内には必要な経営資源が揃っていたにもかかわらず，それを活用する組織マネジメントがなされていなかったのです。

必要な経営資源を保有しているだけでは意味を成しません。宝の持ち腐れで終わってしまいます。経営資源を効果的に活用できる組織能力[10]が備わっていることが，4つ目の条件です。

3 活用する経営資源の選択

ここまで説明したことは，経営資源アプローチの大家であるジェイ・B・バーニーが提唱したVRIOというフレームワークに沿ったものです[11]。VRIOはValue, Rareness, (in-)imitability, Organizationの頭文字を使った造語です。

＜経営資源の活用可能性＞
- 価値 Value：その経営資源は，機会の開拓に対応している。
- 希少 Rareness：その経営資源を保持している企業はごく少数である。
- 模倣困難 (in-)imitability：その経営資源を他社が獲得・開発することは難しい。
- 組織 Organization：その経営資源を活用するための方針や手続きがある。

---

9 日経ビジネス 2012 年 5 月 21 日号。
10 本章注釈 3（120 ページ）で説明した通り，インプットとなる経営資源をアウトプットに転換する経営資源という意味で，組織能力という言葉を使っている。

11 Jay B. Barney（1991）Firm Resources and Sustainable Competitive Advantage, *Journal of Management*, 17（1）：99-120.

この４つはスクリーニング基準のようなものです。なかでも判断が難しいものは、ひとつ目の「価値」でしょう。紀伊國屋書店の解説で説明したように、その経営資源に価値があるかどうかを判断するには、活用する事業の重要成功要因を理解しなければならないからです。まずはその事業の成功の鍵を考え、次にそれに対応する経営資源があるのかを考えるという、２段階での検討が必要です。

コラム④：重要成功要因と経営資源

　重要成功要因とはその名が示す通り、事業を成功に導くために欠かせない要素であり、KSF（Key Success Factors）やKBD（Key Business Divers）、CSF（Critical Success Factors）などと簡略化されます。学術的な理論ではないので大学で教えられることはありませんが、ビジネスの世界では極めて重要な概念で、戦略コンサルタントは必ず検討するといっても過言ではありません[12]。ただし、導き出し方は職人技に近く、どのコンサルタントも多様な事例に触れてセンスを磨いているのが現状です。

●重要成功要因の類型化

　そこで、様々なコンサルタントの書籍[13]やレポートに書かれている重要成功要因を類型化し、それらを学術理論と結びつけて４つの観点で整理しました（図表10-1）。

　経営資源と絡めながら具体例を紹介します。例えば、資生堂やカネボウなどの化粧品ビジネスではブランドイメージが重要成功要因です。しばらく使用してからでなければ効果が分からない基礎化粧品を

---

12 筆者の知る限りでは、当時マッキンゼーの若手コンサルタントだった大前研一が著書で紹介したのが先駆けである。大前研一（1975）『企業参謀―戦略的思考とはなにか』ダイヤモンド・タイム社。

13 例えば、冨山和彦・経営共創基盤（2012）『IGPI流 経営分析のリアル・ノウハウ』PHP研究所。

[図表 10-1]　重要成功要因の類型化

観点	事業特性や状況	重要成功要因の例
顧客・市場	・汎用品ではないため，魅力的な価値が提供できなければ顧客から見向きもされない場合	・品質，品揃え，新製品投入 ・時間・スピード ・個別対応，カスタム ・知名度，ブランド・信頼
コスト・効率	・生産・提供上の難易度が高く，採算ラインに乗せるために低コスト化が欠かせない場合	・ボトルネック解消 ・不稼動・廃棄ロス削減 ・タイミングを捉えた投資 ・業務効率
競争	・参入が容易なため。熾烈な競争に巻き込まれないようにしなければならない場合	・早期の市場浸透 ・顧客の囲い込み ・供給・配送網の独占化 ・希少資源の専有
経済性	・業界特有の経済性が働く場合	・規模の経済性 ・範囲の経済性 ・密度の経済性 ・ネットワーク外部性

注：「経済性」は，坂本雅明（2016）『事業戦略策定ガイドブック』同文舘出版の第7章を参照いただきたい。

購入してもらうためには，事前の認知が欠かせません。それゆえブランディングに関する能力が必要になります。

　ゼロックスやリコーなどの複合機ビジネスでは，保守の迅速性も重要成功要因です。メカ系の製品なのでリモートメンテナンスにも限界があり，故障時にすぐに駆けつけなければならないからです。かつてサムスンは日本の複合機市場への進出を検討していたのですが，断念しました。日本全国での保守体制を築くことが困難だからではないかと，少なからずの業界関係者が推測しています。日本全国に張り巡らされた保守ネットワークは，複合機ビジネスを成功させるために欠かせない経営資源なのです。

　DRAM[14] という，コンピュータなどに使用される半導体があります。汎用品なので製品差別化ができず，価格でしか戦えません。また

14　Dynamic Random Access Memory。データを記録する半導体の一種で，「ディーラム」と読む。

典型的な資本集約産業であり，規模の経済性が働きます。ただし，シリコンサイクルとよばれる需要の波があり，投資判断を誤れば莫大な損失を出してしまいます。こうしたなかでは，市況の先行きを見通す能力，そして不況のなかでもリスクをとって投資する決断力が欠かせません。かつて世界を席巻していた日本半導体メーカーがサムスンに抜かれてしまったのは，サムスンの決断力の方が上だったことも遠因だといわれています[15]。

●重要成功要因の変化

　重要成功要因は固定化されているわけではありません。導入期，成長期，成熟期，衰退期というプロダクトライフルによっても変わりますし，マーケット内のポジションが変わったときなども変化するでしょう[16]。それ以外にも様々なタイミングで変化します。網羅的ではありませんが，いくつかのパターンを紹介します。

■ キャズムに差し掛かったとき

　例えばハイテク業界では，新製品導入時には玄人好みの目新しささえあれば，多少完成度が低くても問題ありません。しかし，スケールアップしようとすれば信頼性や操作性，低価格が欠かせなくなります。この溝はキャズムとよばれ[17]，アップルの携帯情報端末ニュートン（Newton）などがこの溝を超えられずに消えていきました。

■ 提供水準がニーズ水準を超えたとき

　それぞれの事業には，その事業に本来的に求められる基本的な価値要素があります。それが市場の要求水準を満たしていなければ，その価値要素を徹底強化すればよいのですが，上回ってしまったら重要成功要因が一変してしまいます。例えばデジタルカメラです。出始めた

---

15 こうしたビジネス上の投資判断だけでなく，日米半導体協定によって機動的な投資が阻まれたという政治上の要因もある。伊丹敬之（1995）『日本半導体産業─なぜ三つの逆転は起こったのか』NTT出版。

16 プロダクトライフサイクルの段階別重要成功要因や，マーケット・ポジション（リーダー，チャレンジャー，ニッチャー，フォロワー）別の重要成功要因は，古典的なマーケティングの書籍を参照いただきたい。

ときには画像がかなり粗かったので，画像の鮮明さという基本的価値を充実させることが重要成功要因でした。この段階では，それ以外のことに取り組んでも，画像が鮮明でなければ見向きもされません。しかし，500万画素を超えた2000年代半ば辺りから，肉眼では違いが分からなくなってきました。その段階では，画像の鮮明さは成功要因のひとつではあるものの，重要成功要因とはいえなくなってきました。

■ 主要顧客層が変わったとき

これも，DRAMで日本企業が凋落してしまった要因のひとつです。日本の半導体メーカーのDRAMは，もともとは大型コンピュータ向けに設計されていました。そこでは20年以上の品質保証を求められます。そうした品質保証体制が重要成功要因でした。その後，主要用途がパソコンに移りました。パソコンは3年程度で買い替えられます。それなのに大型コンピュータ向けと同じ品質保証体制を維持し続けたことから，パソコン向けの低価格DRAMを投入したサムスン等にシェアを奪われたとされています[18]。

このように重要成功要因は変化します。企業は変化に対応して常に新たな経営資源を獲得し，事業に応用することが求められます。

17 Geoffrey A. Moore（1991）*Crossing the Chasm: Marketing and Selling High-Tech Products to Mainstream Customers*, Harper Collins.〔川又政治訳（2002）『キャズム─ハイテクをブレイクさせる「超」マーケティング理論』翔泳社。〕

18 湯之上隆（2009）『日本「半導体」敗戦』光文社。

第11章

経営資源の獲得

　経営資源が重要であるとはいえ，初めから備わっていることなど
ありません。経営資源を獲得し，蓄積する必要があります。そして
その方法は，いくつかあります。

　経営資源の獲得方法の違いに着目し，シャープ，ソニー，楽天の
ケースをお読みください。

ケース：シャープ

　シャープペンシルの製造販売を生業に 1912 年に創業した
シャープ株式会社は，関東大震災で工場を全焼し，再起をかけ
て電機メーカーに転じることになった。そのシャープに飛躍を
もたらしたものが，電子式卓上計算機（電卓）である。1960
年代半ばにカシオやキヤノンなど 50 社以上で繰り広げられた
電卓戦争のなかで，シャープは表示部分に液晶を使った製品を
投入することで，この電卓戦争を制した。これが同社の液晶技
術の始まりである。

　同社はその後もさらに液晶技術に磨きをかける。同時に，こ
の液晶ディスプレイを他の製品に応用することを進めた。ビデ
オカメラやパソコン用モニター，小型情報端末「ザウルス」，
液晶プロジェクターなどである。特に，1992 年に発売された

CASE CASE CASE CASE CASE CASE CASE CASE CASE CASE CASE CASE CASE

液晶ディスプレイ搭載のビデオカメラ「液晶ビューカム」は大ヒットをもたらした。ファインダーからのぞくしかなかったそれまでのビデオカメラに比べ，操作性が格段と高まったからである。

シャープが悲願としたのがテレビだ。同社はテレビを生産していたが，基幹部品のブラウン管は外部から調達していたため，収益性が厳しかったのである。そこで1988年に，国内で販売するテレビを2005年までに液晶に置き換えると宣言し，賭けに出た。2001年に液晶テレビAQUOS（アクオス）を発売すると，ソニーをはじめブラウン管テレビで儲けていた他のメーカーが液晶テレビに出遅れたこともあり，シャープは液晶テレビ市場でリーダー的な地位を得ることができた。このように液晶技術を様々な製品に応用することで，同社は一流電機メーカーの仲間入りを果たした。

2000年代以降は，携帯電話やスマートフォン事業に進出する。AQUOSブランドを使ったこれらの製品は，当初は一定のシェアを得ることに成功した。しかし，いつの間にか主力商品はテレビのみになっていた。

それでも同社は「液晶の次は液晶」と言い続け，液晶技術の高度化と液晶工場の増設に投資を続けた。液晶ディスプレイの需要が減るなかでその投資負担が響き，同社の株価は2007年のピーク時から10年近くで25分の1まで下落した。そして，2016年には台湾の鴻海精密工業（ホンハイ）に買収されることになった。

出所：同社HPおよび沼上幹（1999）『液晶ディスプレイの技術革新歴』白桃書房；日経産業新聞1995/08/08 001ページ；日経産業新聞1997/02/18 010ページ；日本経済新聞朝刊2011/09/07 010ページ；日本経済新聞朝刊2016/04/01 011ページを参考に作成。

ケース：ソニー

　2018 年，ソニー株式会社はエンタテインメントロボット
aibo（アイボ）を発売した。体長が 30cm 程度のイヌ型*の
aibo は，飼い主とのコミュニケーションによって成長してい
く。

　基本的な技術構造はこうだ。センサーによって認識した状況
を処理して，行動に移す。鼻先にはカメラやマイクが，そして
身体にはタッチセンサーがある。カメラやマイクで，その人が
誰なのか，誰が呼び掛けているのかを判断する。よく触れてく
れる人が分かると，その人になつくようになる。また，どんな
行動が求められるのかを自分自身で学習する。飼い主に褒めら
れたり撫でられたりすると，その直前の行動を正しいものだと
判断し，その行動が増える。そのときの滑らかな動きは，メカ
トロニクス技術の賜物だ。こうしたことによって，それぞれの
飼い主が望む aibo に育っていく。この愛くるしいロボットは，
AI 技術や音声・画像認識などの先端技術の宝庫なのだ。

　こうした技術は aibo 以外にも使われている。音声認識技術
はソニー製スマートフォンのエクスペリアに，画像認識技術は
ソニー製デジタルカメラに，最近ではそれら技術を結集して，
手術支援ロボットや自動運転用画像センサーの開発も進めてい
る。

　この aibo は 12 年ぶりの復活である。実は 1999 年にも
AIBO** が発売されていた。

　ソニーがロボット事業を検討し始めたのは 1993 年頃であ
る。鉄腕アトムやドラえもんを究極の目標として，家庭のなか

で自律的に動くロボットを模索していた。しかし，音声認識にしても画像認識にしても技術がまだまだ追いついておらず，そこで，3回の呼び掛けに対して1回ぐらいは無視されても愛嬌で許されるだろうということもあり，まずはエンターテインメント型のロボットで参入することになった。これがAIBOの始まりである。

　発売価格は25万円。そんな高いおもちゃを買う人がいるものかという経営幹部もいたが，注文開始と同時に電話が殺到した。蓋を開けてみれば，最初の2年間で10万台以上を販売する大ヒット商品になった。

　その後も研究開発を重ねてバージョンアップを繰り返し，2006年の生産中止***までに15万台以上を販売した。ただし儲かったかといえば，そういうわけではない。高い売価を設定したものの，最新技術を使うことでそれ相応のコストがかかったからだ。

出所：同社HPおよび藤田雅博「ロボット開発の視点から」国際シンポジウムAI-for-Social-Good（2017年3月6-7日）発表論文集；初代開発責任者の大槻正の講演資料（2013年12月18）；日本経済新聞夕刊2002/05/22 005ページ；日本経済新聞朝刊2019/12/18 016ページ；日経産業新聞2020/01/08 003ページ；日本経済新聞朝刊2018/01/12 013ページを参考に作成。
＊　：ソニーは公式にはイヌとはいっていない。
＊＊：1999年発売のものが「AIBO」，2018発売が「aibo」と使い分けがなされている。
＊＊＊：ソニー自体の業績が悪化した際に経営層が変り，AIBOは非中核事業と判断された。

ケース：楽天

　楽天株式会社は，ECサイトを起源とする日本の大手インターネット企業である。当時勃興しつつあったインターネットに可能性を感じた三木谷浩史が，日本興業銀行（現みずほ銀行）での出世コースを捨て1997年に起業し，楽天市場を開設した。他社に先駆けた積極的な投資により，楽天市場は日本の

モール型ショッピングサイトでガリバー企業となる。それだけではない。EC以外の様々な事業を取り込んでいったことも，楽天が急成長した理由だ。

　飛躍のきっかけのひとつが，2003年のインターネット宿泊サイト「旅の窓口」の買収である。日立造船の社内ベンチャーだった同事業の買収交渉を2年もの間粘り強く行い，日立造船が同事業を上場させる直前にひっくり返した。買収額は323億円。当時のネット宿泊の市場規模がまだ1200億円程度だったため高値をつかまされたと酷評されたが，楽天側はむしろ安いと考えていた。楽天と一緒になることで企業価値を高められることに自信を持っていたのだ。

　2009年には，インターネット専門銀行として2000年に設立されたイーバンク銀行（現楽天銀行）を買収した。イーバンク銀行は300億円強の赤字を垂れ流していたが，ネット通販の利用者を取り込んで，翌年には黒字化を実現した。既に買収をしていた証券事業やカード事業との連携を進め，3年後には年間70億円を稼ぐ優良企業に変身させた。こうしたシナジーにより，楽天グループの金融事業は，メガバンクをはるかに上回る収益性を誇るまでになった。

　さらには，2013年には資本参加をしていたアイリオ生命を完全子会社化し，2018には中堅損害保険会社の朝日火災海上保険の買収に踏み切った。楽天会員のデータを活用し，家族構成や生活パターンに合わせた保険商品を開発，提案するという。

　ECを軸にして，ポイントや決済サービスで様々な事業をつなぐ。同社はこれを「経済圏」とよび，2006年ごろからその

構想が打ち出され始めた。そのためのインフラ投資も欠かせない。2010 年頃になると，それまでは各社内で最適化されていた IT インフラやデータ管理システムの統合を進めた。ユーザーが複数の楽天サービスをストレスなく行き来できるようにするためだ。また，2014 年にはキプロスに本拠地を置く無料通話アプリのバイパー（Viper）を買収した。チャットやテレビ通話で商品を説明すれば，販売促進につながると考えている。

出所：各社 HP および日経産業新聞 2014/02/17 020 ページ；日本経済新聞朝刊 2014/05/10 002 ページ；日本経済新聞朝刊 2018/01/30 015 ページ；日経産業新聞 2019/01/15 016 ページ；日経産業新聞 2019/06/18 014 ページを参考に作成。

1 内部開発による経営資源獲得

　技術やノウハウなどの経営資源を獲得する最も基本的な方法は，愚直に努力して高めていくことです。無形資産の場合は移転が難しいため，後述する外部調達に比べると内部蓄積・定着がしやすいといえます。また試行錯誤の経験を通じて無形資産を活用するノウハウも身に着くというメリットがあります。

　シャープの液晶技術はこのようにして蓄積されていきました。同社は今でこそ大企業ですが，液晶技術開発に取り組み始めた 1970 年ごろは，日立やパナソニックなどよりも下に見られていました。それら大手電機メーカーが本腰を入れないうちから，コツコツと技術開発を進めてきたのです。そうした努力が日の目を見て「液晶のシャープ」といわれるまでに技術的優位性を確立し，同時にその技

術を様々な製品に展開できるような応用技術も培われました。

2 事業活動を通じた経営資源獲得

人材開発業界で有名な理論に，経験学習理論というものがあります。現場では想定通りいかないことも多く，上手くいったこと，上手くいかなかったことを振り返りながら秘訣を概念化し，自分のものにしていくというものです[1]。我々の能力は，実践を通じてより高度化されていきます。さらにいえば，実践を伴わない能力開発ではモチベーションが継続しません。バッターボックスに立つことがないなかで，ずっと素振りをしろといわれても，心が折れてしまいます。

2-1 事業経験を通じて能力を獲得する

こうした前提に基づいた場合，先兵のような事業を立ち上げ，事業経験を通じて能力の獲得・高度化を進める方法が考えられます[2]。ソニーのAIBOは，そうした位置づけでした。それ自体で収益を上げることも期待されましたが，画像認識技術，音声認識技術，AI技術の蓄積という目的もあったのです。そして，3回の呼び掛けに対して1回ぐらいは無視されても愛嬌で許されるイヌ型ロボットという絶妙な工夫によって，事業化が承認されました。

その後に就任したCEOのリストラで一度は断ち切れになってしまいましたが技術開発は引き継がれ[3]，スマートフォンやデジタル

---

1 David A. Kolb (1984) *Experiential Learning: Experience as the Source of Learning and Development*, Prentice Hall.
2 ある事業に進出して能力を蓄積し，その能力を活用して別の事業に進出するという意図的で動態的な多角化は，ダイナミックシナジーとよばれる。伊丹前掲書。
3 日経ビジネス電子版 2016/06/14。

カメラ，そしてやがて市場が急速に立ち上がるであろう自動運転用画像センサーに応用されていきました。

2-2 疑似的事業で経験を積む

　採算が見込めないのであれば，販売しないという方法もあります。それがホンダのロボット ASIMO です。1986 年から開発が開始されたこの二足歩行ロボットは，2000 年にデビューを果たし，展示会等で活躍しました。2018 年の開発中止まで一度も販売されることはなかったのですが，そこで培われた技術は，倒れにくいバイク，自動芝刈り機，介護用ロボットなどに応用されています。

　ソニーの場合は電気自動車がそれに相当するでしょう。実はソニーは電気自動車も製造してます。2020 年のデジタル技術見本市で発表されたのですが，自動運転用画像センサーの技術進化が目的であり，販売計画はないそうです[4]。

　無形資産は使用するたびに強化されるということは，既に説明した通りです。活用場面を計画的に用意することも大切です。

3 外部購入による経営資源獲得

　企業内部で能力開発をすることの大きなデメリットは，時間がかかることです。シャープの液晶技術やソニーの AI 技術の場合はどの企業も保有していなかったので自社で開発するしかありませんでした。しかし保有している企業があれば，その企業から購入するこ

4　日本経済新聞朝刊 2020/04/02 012 ページ。

とも選択肢に含めるべきです。

3-1 経営資源を購入する

　外部から購入する最大のメリットは，時間の短縮です。例えば
P&Gです。かつて同社は，プリングルズ[5]に豆知識やジョークを印
刷する技術の開発に難航していました。揚げたての熱いチップスに
毎分何千枚も印刷し，鮮やかな色を出せるような印刷装置もなけれ
ば，食べても人体に害を及ぼさない食用色素も持っていませんでし
た。試しにインクジェットプリンタで印刷してみたけれども，あえ
なく失敗しただけでなく，インクジェットプリンタも故障する羽目
になってしまいました。そこで社内ネットワークを使って世界中の
社員に呼び掛けたところ，元大学教授が経営するイタリアの小さな
パン屋で，食用可能な絵をケーキやクッキーに印刷しているという
情報が舞い込んできました。そのパン屋から技術を購入した結果，
通常の半分の期間，数分の1の開発コストで商品化ができたそうで
す[6]。

　こうした他社との技術のやり取りによる開発は，オープンイノ
ベーションとよばれています[7]。要素技術開発など，能力獲得まで
長期間を要する場合は特に有効です。

3-2 経営資源を有する企業を買収する

　外部からの能力獲得方法には，契約書を締結する業務提携，双方
が出資して会社を設立するジョイントベンチャー，あるいはP&G
の事例のように特許の購入やライセンス供与などがあります。そし

5　ポテトチップスの商品名。その後のP&Gの食
　品事業撤退により，プリングルズの商標権はケ
　ロッグに移っている。
6　Larry Huston and Nabil Skkab (2006)
　Connect and Development: Inside Procter

& Gamble's New Model for Innovation,
Harvard Business Review, 84(3), March
2006: 58-67.［鈴木泰雄訳 (2006)「P&G─
コネクト・アンド・ディベロップ戦略」
DIAMOND ハーバード・ビジネス・レビュー

て，楽天の事例にある企業買収も，手段のひとつです。

　もちろん企業買収にはデメリットもあります。ひとつは自社が必要としない事業までを，一緒に買わざるを得ないことです[8]。もうひとつはプレミアム価格を支払わなければならないことです。買収先が上場している場合は，時価に3〜4割上乗せすることが一般的です。

　しかし，楽天の場合はそうしたプレミアム価格を支払ってでも買収する価値があると考えました。楽天経済圏に組み込まれることで収益性が高まると想定したからです。そして何よりも早期に楽天経済圏を築き上げたかったからでしょう。言い換えれば，自社の事業とシナジーを発揮できるのであれば，買収は非常に有効な策だといえます。

4　事業ドメインによる規律づけ

　経営資源を内部開発しようとした場合，どんな経営資源を開発・蓄積すべきかという難しい問題に直面します。特に技術力などの無形資産は，獲得するのに数年かかります。数年後に訪れるであろうあらゆる市場機会を想定して経営資源を蓄積することなどできませんし，すべきではありません。野放図な拡散になりかねません。

　そうならないように，経営資源を蓄積する領域をあらかじめ定めておく必要があります。その役割を担うのが，事業ドメインです。楽天経済圏も事業ドメインの一種です。楽天は，楽天経済圏の価値を高める目的で企業を買収しています。

2006年8号。]

7　Henry Chesbrough (2003) *Open Innovation: The New Imperative for Creating and Profiting From Technology*, Harvard Business Press. [大前恵一朗訳 (2004)

『オープンイノベーション―ハーバード流イノベーション戦略のすべて』産業能率大学出版部。]

8　特定の事業だけを買収できる事業譲渡であればこの問題は生じない。

ドメインとはもともとは生物学の用語であり、「生存領域」を表すものでした。陸上，森のなか，海水，淡水など，動植物には生存に適した領域があります。その領域を出ると，生き残れる確率が低下してしまいます。この考えを経営学に応用したのが，事業ドメインです。無謀な多角化を避け，成功確率を高めるために，事業を展開する範囲をあらかじめ定義しておくのです。

　ドメインを逸脱してしまった失敗事例がライザップです。同社は注文住宅や，フリーペーパー，婦人下着販売，和装品の卸売販売，ゲームセンター運営，Jリーグチームの運営など，様々な事業を買収しました。迷走する同社に最高執行責任者（COO）として招聘されたプロ経営者の松本晃氏がリストラで整理したのですが，松本氏はこう述べています。「瀬戸さん（創業者の瀬戸健社長）がライザップを作った際のビジョンにそぐわない企業が傘下にあることにも気づいた。本来はヘルス・ビューティー・自己実現・自己投資をイメージしていたはずだが，買ってしまった会社のなかには違うものがある。ここを入れるのはおかしいのではと思われる企業があった」と。それに対して瀬戸社長は，「我々が何者で何を目指すのかを考える良い機会となった」と答えました[9]。

　事業ドメインによって将来の事業構想を定義し，それに基づいて計画的に経営資源を蓄積していくことが大切です。ただし，事業ドメインには変革を阻害するという逆機能も存在するので，注意が必要です。次の「Topics 3 事業変革と両利きの経営」で説明します。

9　日経 MJ（流通新聞）2018/11/16 004 ページ。

事業変革と両利きの経営

　経営資源を蓄積していく上で，陥りやすいミスがあります。特定の能力を突き詰めようとするがあまりに，機動的な事業転換をしにくくなってしまうことです。

☐ コンピテンシー・トラップ

　経営資源の蓄積には，経路依存性が存在します[1]。経路依存性とは以前の行動や投資がその後の行動を制限してしまうことです。今登り続けている山からわざわざ下りて，別の山に登り直そうとする判断はなかなかできません。優位なポジションだったのが横並びになってしまいます。それまでの投資も無駄になってしまいます。それゆえ，それまで開発してきた技術に固執し続けてしまうようなことが起こります。その技術が活かせる環境が永続すればよいのですが，そうでなくなってしまった場合には，優位性が一気に減退してしまいます。

　こうした現象は，コンピテンシー・トラップ（能力の罠）やサクセス・トラップ（成功の罠）などとよばれます。シャープは常に，「液晶の次も液晶」と言い続けてきました[2]。多くの電機メーカーが液晶に見切りをつけて他の技術開発，商品開発にシフトするなかで

1　David J. Teece and Gary Pisano（1994）The Dynamic Capabilities of Firms: An Introduction, *Industrial and Corporate Change*, 3(3): 537-556.

2　日経産業新聞 2001/12/05 007 ページ; 日経産業新聞 2012/06/18 002 ページ。

いまだに液晶を大黒柱にしている同社は，コンピテンシー・トラップに陥っているという見方もできるでしょう。

■ ダイナミック・ケイパビリティ

　企業は既存の能力を突き詰めると同時に，新たな能力獲得も並行して進めなければなりません。1990年代初めに提起されたこの提言[3] は，今なお研究が続いている永遠の課題です。

　イノベーション分野で名高いデビッド・J・ティースは，環境変化に対応するために，新たな能力を獲得したり再配置する能力（経営力）[4] の重要性を指摘し，そのメタ能力をダイナミック・ケイパビリティと称しました[5]。

　この経営力を発揮したのが，まさに富士フイルムです。カメラ本体ではなく写真フィルムで利益を上げるという成功モデルに固執したポラロイド（Polaroid）は，経営会議でデジタルカメラへの進出が見送られました[6]。また，コダックは2012年に破産法を申請しました。このように業界内の大企業が罠にはまるなかで，富士フイルムだけが早期に写真フィルム事業に見切りをつけたことは，注目に値します（118ページ参照）。

　同社がまず取り掛かったのが保有技術の徹底的な棚卸しです。その上で，新事業に応用できる技術は何なのか，新事業に欠けている技術は何なのかを議論し，化粧品や医薬品事業に乗り出しました。もちろん，その一方で，大胆なリストラも断行しました[7]。その結果，コダックが破産申請をした2012年には，売上高は2000年時点の1.5倍に増加し，写真関連の売上比率は15％まで低下しました。こうしたドラスティックな事業構造転換を主導した古森重隆会

3　James G. March (1991) Exploration and Exploitation in Organizational Learning, *Organization Science*, 2(1): 71-87.

4　10章注釈3（120ページ）の通り，インプットとなる経営資源をアウトプットに転換する組織能力も経営資源だと考えれば，ダイナミック・ケイパビリティも経営資源だといえる。

5　David J. Teece, Gary Pisano and Amy Shuen (1997) Dynamic capabilities and strategic management, *Strategic Management Journal*, 18(7): 509-533.

6　Mary Tripsas and Giovanni Gavetti (2000) Capabilities, Cognition, and Inertia: Evidence from Digital Imaging, *Strategic Management Journal*, 21(10-11): 1147-1161.

長兼 CEO は，当時の状況を「トヨタから車がなくなった状況」と例えています[8]。

さらに注目すべきことは，同じような技術は当然のことながら，同じ事業を営んできたコダックにも蓄積されていたはずです。経営資源的にはむしろ業界リーダーのコダックの方が恵まれていたにもかかわらず，こういう結果になったのです[9]。経営資源の優劣ではなく，経営資源を活かす経営力の重要性が分かるでしょう。

☐ 両利きの経営

ダイナミック・ケイパビリティの重要性は誰もが認めるものですが，やや概念的であり，実務家にとってのヒントになりにくい面もあります。『世界標準の経営理論』を著した早稲田大学ビジネススクール教授の入山章栄は，「定義すら固まっていない状態だ」と指摘しています[10]。

一方で，より具体的な示唆を意図した研究も続いています。例えば，大企業における新事業開発の難しさを研究しているマイケル・L・タッシュマンです。同氏がまず指摘したのはリーダーシップです。富士フイルムの変革事例も，古森氏の強力なリーダーシップなしには実現できなかったでしょう。さらにはより具体的な方法のひとつとして，事業ドメインを包括的に捉えるというリーダーの戦略観を挙げています。「鉄道会社が自動車や旅客機の台頭に屈したのは，自分たちを輸送会社とは考えず，鉄道会社と考えていたからだ」という，1960 年のセオドア・レビットの主張[11]を引き合いに出し，企業はいまだこの種の間違いを犯していると喝破しています[12]。

7 日経ビジネス 2013 年 3 月 11 日号。
8 古森重隆（2013）『魂の経営』東洋経済新報社。
9 技術者の流動性に着目してイノベーションを研究している清水洋によれば，デジタルカメラやヘルスケア事業に必要な技術を持っていたコダックの技術者は，コダックで事業化するよりも自らで事業化した方がよいと判断して次々とスピンアウトしていったという。清水洋（2019）『野生化するイノベーション―日本経済「失われた 20 年」を超える』新潮社。
10 入山章栄（2019）『世界標準の経営理論』ダイヤモンド社。
11 Theodore Levitt（1960）Marketing Myopia, *Harvard Business Review*, 38(4), Jul-Aug 1960: 45-56.［土岐坤訳（1993）「マー

第2部の自動車業界のケース（81ページ）で紹介したトヨタ自動車は，まさにその最中にあります。直面する環境変化は電気自動車勢の参入だけではありません。自動車のネット接続，自動運転，カーシェアリングなどの新しい技術やビジネスモデルが侵食し始め，全く新しい業界に置き換わろうとしています。そして，テスラだけでなくグーグルやインテル，ウーバーなど，完成車メーカー以外の企業も覇権争いに名乗りを上げています。

こうした流れは，トヨタの強みが発揮できなくなることを意味しています。しかしトヨタは業界の流れに抵抗するのではなく，新たな業界秩序のなかで戦う決断を下しました。これまで築き上げてきた優位性を捨てることになる厳しい決断ですが，過去の遺産とともに沈むわけにはいかないと考えたのでしょう。そして自社の事業ドメインを，ガソリン車を製造する会社から，移動に関するあらゆるサービスを提供する「モビリティ・カンパニー」へと再定義して，変革を進めています。

もちろん，本書のように後づけで評論することは誰でもできます。環境変化の真っただ中での経営判断は，とてつもなく困難なものでしょう。筆者はかつて富士ゼロックス[13]（富士フイルム傘下の企業）のグループ企業に勤めていたのですが，2018年のあるとき，富士フイルムの経営幹部に突然呼び出されて30分だけ対話をしました。その幹部が述べた「紙の需要が減少するなかで富士ゼロックスの経営は難しいが，トヨタははるかに厳しい経営判断に迫られているだろう」という言葉が印象的でした。

ケティング近視眼」DIAMOND ハーバード・ビジネス・レビュー1993年3月号。]

12 Michael L. Tushman, Wendy K. Smith and Andy Binns (2011) The ambidextrous CEO, *Harvard Business Review*, 89(6), Jun 2011:74-80. [DIAMOND ハーバード・ビジネス・レビュー編集部訳 (2011)「双面型リーダーの条件――コア事業とイノベーション事業を両立させる」DIAMOND ハーバード・ビジネス・レビュー2011年9月号。] さらに発展的に

整理されたものが，Charles A. O'Reilly and Michael L. Tushman (2016) *Lead and Disrupt: How to Solve the Innovator's Dilemma*, Stanford Business Books. [渡部典子訳 (2019)『両利きの経営――「二兎を追う戦略」が未来を切り開く』東洋経済新報社。]

13 米ゼロックス社との合弁解消と富士フイルムホールディングスによる完全子会社化に伴い，2021年4月1日に「富士フイルムビジネスイノベーション」に社名変更。

イノベーションと経営資源の獲得

　イノベーションとは、「経済成果を伴う革新」です[1]。この定義からは、2つの意味が読み取れます。ひとつは既存の延長線上ではないというものです。固定電話のケーブルを1kmまで伸ばしてもイノベーションにはなりませんが、携帯電話はイノベーションです。もうひとつの要素は儲からなければならないことです。絶対に切れることのない超合金を使った靴紐を商品化したとしても、誰も買わないでしょう。これではイノベーションにはなり得ません。

　こうしたイノベーションは、なかなか実現されません。従来の枠組みを超えた発想ができる尖がった人材がいないという理由もあるかもしれません。しかし、仮にそうした人材がおり、また推進に必要な経営資源が揃っていたとしても、組織的な問題によって阻害されてしまうことも多いのです。ここでは、技術開発を伴うイノベーションに限定して話を進めます。

☐ 社内的支援の欠如

　実は革新的な取り組みには、社内の支援がなされません。企業はさんざんイノベーションを興せといっているので不思議に思うかもしれませんが、実際によくあることです。

1　一橋大学イノベーション研究センター（2001）
　『イノベーション・マネジメント入門』日本経
　済新聞社。

それにはいくつかの理由があります[2]。例えばカニバリゼーション[3]です。既存の主力事業を脅かすような場合は，激しい抵抗にあうことがあります。コダックはデジタルカメラの開発に成功しておきながら，写真フィルム事業部門から何度となく妨害されました[4]。また，元 LINE 社長の森川亮氏がソニー時代に動画も撮れる携帯電話の開発を進めていたところ，既存の AV 製品の売上が減少するという理由で開発チームは解散に追いやられたといいます[5]。

業績評価上の理由もあります。新規性の高い製品・サービスは当初は売上規模も小さく，そればかりか改修などで追加コストが発生します。事業部が単年度の売上・利益で評価される場合は，どうしても後ろ向きになってしまいます。ゼロックスのパルアルト研究所ではパソコンに関する様々な技術が開発されましたが，複写機で巨万の利益を稼いでいたゼロックスにとっては，取るに足りない事業規模でした。結果的に製品化して利益を上げたのは，マイクロソフトやアップルでした。

こうした問題は，経営者が長期的視点に基づいて合理的に検討し，采配を振るえば解決できます。しかし，イノベーションという性質上，合理的に考えたがために，社内的支援がなされなくなってしまうこともあるのです。

■ イノベーションにおける2つの不確実性

技術開発を伴う革新には 2 つの不確実性が伴います[6]。ひとつは技術開発が成功するかという不確実性です。もうひとつは市場が存在するかという不確実性です。技術開発は長期間を要します。10 年近くかかってしまうこともあるでしょう。商品化時点の社会環境を

---

2 坂本雅明（2006）「企業における研究開発戦略」『技術経営―技術戦略と MOT』学文社所収。

3 新事業が既存事業の売上を奪ってしまうという，共喰い状態のこと。

4 Henry C. Lucas Jr. and Jie Mein Goh (2009) Disruptive technology: How Kodak missed the digital photography revolution, *Journal of Strategic Information Systems*, 18(1): 46-55.

的確に見通せないなかで，開発に着手しなければならないのです[7]。

☐ 経営資源投入の判断の難しさ

こうした不確実性の高さが，経営資源投入の判断を難しくさせています。

そもそも誰もが確実に上手くいくと思うようなものはイノベーションではありません。初めは誰もが上手くいくとは思わなかったようなものが最終的に上手くいったものがイノベーションなのです[8]（図表 T4-1）。例えば，今でこそ誰もが使っているスマートフォンです。2007 年にスティーブ・ジョブズによる初代 iPhone の発表がなされたときには懐疑的な見方も多く[9]，マイクロソフト共同創業者スティーブ・バルマーは「ハッハッハ！割引で安くなっ

[図表 T4-1]　事前の評価と事後の評価

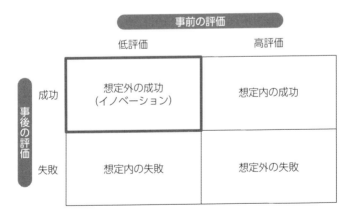

出所：武石彰・青島矢一・軽部大 (2012) をもとに作成。

5　日経速報ニュース 2018/05/27。
6　延岡健太郎 (2006)『MOT 技術経営入門』日本経済新聞社。
7　こうした不確実性を回避する方法のひとつが，既述のオープンイノベーションである。自社で

開発できなかった技術を他社から導入し，反対に環境変化によって自社では活かせなくなった技術は他社に供与する。
8　武石彰・青島矢一・軽部大 (2012)『イノベーションの理由—資源動員の創造的正当化』有斐閣。

ても 500 ドルもする電話だって？しかもキーボードがついていない。ビジネスには向かないね」と言い放ったそうです[10]。

　さて，革新的な取り組みには社内的支援がなされない理由が分かったことでしょう。誰もが上手くいかないと思っているような取り組みに対しては経営資源を投入するという判断は，通常は下されません。イノベーションに取り組む際には，こうした組織的問題に直面してしまうのです。

□ 独立組織への予算と権限の委譲

　過去のイノベーション事例を分析すると，開発者の個人的な努力で様々な関係者を巻き込みながら前進させていることも少なくありません[11]。例えば，パイオニアでの有機 EL ディスプレイの開発です。2017 年に iPhone X で採用されたことで脚光を浴びましたが，世界で初めて商品化に成功したのはパイオニアです。1997 年のことでした。開発当初は社内では傍流の開発であり，注目されていませんでした。1990 年代にスマートフォン市場の誕生などは誰も予想できず，さらには液晶ディスプレイよりも開発の難易度が高かったことも社内的な印象を悪くしていました。開発中止の危機にも見舞われましたが，生産する商材を求めていた生産子会社と共同戦線を張り，また製品差別化のネタを探していた車載用ディスプレイ事業部門の支持を取りつけるなどして，開発を前進させていきました[12]。

　こうした話は，物語としては面白いかもしれませんが，企業経営としては疑問が残ります。開発者個人の努力に頼るようでは，イノベーションは続きません。仕組みで解決する必要があります。

9　CNET Japan2012/07/04 07:30。
10　Business Insider2013/04/18 10:15。
11　武石ほか前掲書。
12　坂本雅明（2005）「東北パイオニア 有機 EL の開発と事業化」一橋大学イノベーション研究セ
ンターCASE#05-10。

例えば，パナソニックの取り組みです。同社ではシリコンバレーに専門組織「パナソニックβ」を作り，信頼できるトップを任命した以外は口を出さず，自由に活動する予算と権限を与えています[13]。あるいは，トヨタ・リサーチ・インスティテュート・アドバンスト・デベロップメントです。AIなどの自動運転技術を開発する目的で設立された同社のトップにはグーグル出身者が据えられ，GAFAからも多くの人材が採用されています。シリコンバレー流の開発手法が導入され，企業文化も報酬体系もトヨタとは全く異なります。トヨタからの脱却を目指す同社では，社名から「トヨタ」を外す決断も下されました[14]。

　このように，旧来パラダイムの社内有力者の声が届かない，本社中枢から隔離された組織を作るのも，ひとつの方法でしょう[15]。

13　日経産業新聞 2018/04/20 003 ページ。

14　日経産業新聞 2019/11/28 011 ページ；日経産業新聞 2020/09/08 008 ページ。

15　孵化するまで様々な圧力から守り，育てるインキュベーション組織を設ける企業も多い。

イノベーションと経営資源の獲得　Topics 4　　155

第3部のまとめ

☐ 価値創造や利益獲得を効果的に進めるために欠かせないのが経営資源である。しかし，単に経営資源が備わっているからといって，企業業績に結びつくわけではない。どのような経営資源を，どう活用するかを検討しなければならない。

☐ 最も重要な観点は，事業の重要成功要因に合致しているかどうかだ。顧客価値や競合優位性などに寄与しないのであれば，いくらレベルの高い経営資源であっても，意味をなさない。

☐ 希少性も必要だ。競合企業が類似の経営資源を持っていれば，競合企業の追随を許し，競争に巻き込まれてしまう。その時点で競合企業になくても，容易に獲得できるのであれば同じことである。模倣困難性が高い経営資源でなければならない。

☐ 必要な経営資源が社内に蓄積されていたとしても，活用できないこともある。必要とする部門と保有している部門が異なっている場合など，同じ社内であっても利害が一致するとは限らない。経営資源を効果的に活用できる組織能力が欠かせない。

☐ 環境が変われば，必要な経営資源も変わる。企業は，絶えず経営資源を刷新していかなければならない。そのための最も基本的な方法は，内部開発である。そうして獲得された経営資源は企業内に定着しやすく，活用もしやすい。

☐ 内部開発の欠点は時間がかかり過ぎることだ。経営資源を外部から調達することで，短時間で獲得できることもある。そのための具体的方法には，業務提携やジョイントベンチャー，特許の購入やライセンス供与，企業買収がある。

☐ 経営資源の蓄積には経路依存性が存在するため，新たな経営資源をゼロから蓄積しようとはなかなか思えない。コンピテンシー・トラップである。環境変化によって経営資源の価値が減少してしまうこともあるため，企業は今後の事業の可能性を探索した上で，新たな経営資源獲得も同時並行で進めなければならない。

☐ イノベーションを興すには，技術開発など新たな経営資源の獲得が欠かせない。しかし，成功確率の低い取り組みには，社内的な支援は得られにくい。それどころか，抵抗にもあう。自由に技術開発ができるような，インキュベーション組織も有効である。

☐ このようにして新たに獲得した経営資源を含めて再配置し，また機動的に外部調達を行うことが，企業変革には欠かせない。そうしたことを推し進める経営力は，ダイナミック・ケイパビリティとよばれる。

経営資源共有による
価値創造と利益獲得

　2003 年にヘンリー・チェスブロウがオープンイノベーションという概念を提唱して以来，この言葉は企業間連携を正当化させる魔法の言葉になってしまったかもしれません。困ったときに，他社と連携すれば何かしらの光が見えるぐらいの気持ちで，この言葉を使う人もいます。

　しかしそう簡単ではありません。協力して価値を生み出す場面もそうですが，難しいのは利益の分配です。相手に過剰な利益を持って行かれないように，利益獲得方法をしたたかに検討する必要があります。

　本書の最後は，価値創造と利益獲得，そして経営資源の活用という 3 つのテーマが絡んだケースで締めくくります。ダイキンが価値を創造し，利益を獲得するにはどうすべきかを考えながら，お読みください。

ケース：ダイキン

　1924 年に大阪府で創業したダイキン工業株式会社は，世界最大の空調機器メーカーである。日本の家庭ではパナソニックや三菱電機などの電機メーカー系ルームエアコンを多く見掛けるため，ダイキンが世界最大だということを不思議に思う人も

いるかもしれない。それはダイキンが業務用エアコンに強いからである。もちろん，家庭用エアコンにも力を入れており，早くから海外進出も試みていた。

　海外進出が難航していたエリアのひとつが中国である。日本よりも圧倒的に市場規模が大きく，成長も見込めるこの市場に，ダイキンは1990年代後半に進出した。業務用エアコンでは一定の成果が上がっていたものの，家庭用では他の日系メーカー同様に苦戦していた。ダイキンの前に立ちはだかっていたのが現地のエアコンメーカー，珠海格力電器株式会社（格力，Gree Electric Appliances）だった。

　格力は1991年に設立された国有会社であり，その強みはコスト競争力と販売力である。現地の部品メーカーから安く調達して，安い人件費と無駄のない生産工程で製造する。その完成品を，強固で幅広い販売網を通じて売りさばき，確実に代金を回収する。この事業モデルで1990年代半ばには中国ナンバーワンのエアコンメーカーになり，2000年代後半には世界市場をリードするまでになった。

　一方で，技術力が弱点であった。エアコンにはインバータという技術がある。これはエアコンを省エネ化する方式のひとつであり，インバータを使えば3割程度の節電ができる。ダイキンをはじめ日本メーカーはこの技術を持っていたが，格力にはなかった。もちろん開発には取り組んでいたが難航し，量産化の見通しは立っていなかった。

　ダイキンは考えた。本格的に中国のルームエアコン市場に進出するなら，インバータで戦わなければならない。しかし，まだまだ所得水準が高くなかった2000年代前半の中国市場で

は，インバータ搭載の高価な省エネエアコンの需要は少なかった。

　ところが追い風が吹き始めた。中国政府は深刻化する大気・水質汚染に対処するために，2000年度半ばから環境対策に取り組み始めたのである。エアコンに関して家庭なら3割，オフィスなら4割の省エネを目指した。そして，エネルギー効率の高い機種への販売奨励金を支給し，反対に低効率機種の販売を停止するなどの具体策を打ち出した。

出所：各社HPおよび日経ビジネス2011年7月11日号；日経情報ストラテジー2012年1月号；日経ビジネス2013年1月21日号；大橋讓（2013）「日系電機メーカーの中国との付き合い方」ITメディアエグゼクティブ電子版2013/11/18 08:00；ダイキン工業株式会社（2015）『拓く—ダイキン工業90年史』ダイキン工業株式会社を参考に作成した。

1 協調による価値の創造

　中国市場で成功するには，格力との協調戦略が欠かせません。ダイキンと格力の経営資源を整理すれば，明らかでしょう。ダイキンの強みはインバータ技術であり，これは格力にはありません。中国政府が環境対策に本腰を入れるなかで，格力にとってはのどから手が出るほど欲しい技術です。

　一方で技術があったとしても，それだけで中国市場に浸透できるわけではありません。中国の家庭でも手が届く価格で製造できる低コスト生産力，巨大な中国市場をカバーする販売網も必要です。そうした能力はダイキンにはありませんでしたが，格力にはありました。

　このように，両社の経営資源を合わせれば上手く補完し合うこと

ができ，ダイキンの中国事業が一気に前進することが期待できます。

1-1 協調のメリットとデメリットを評価する

しかし，ダイキンにとって大きな問題がありました。インバータという貴重な技術が流出してしまうことです。格力がインバータ技術を獲得すれば，単独で事業展開をするかもしれません。日本市場に攻め込んでくることも，ないとはいえません。

社内の技術者から猛反対されるなかで，ダイキンは2008年に格力との提携に踏み切りました。ダイキンのインバータ技術と格力の生産力・販売力を活用して家庭用エアコンを製造・販売するというスキームで，格力が51%，ダイキンが49%を出資する合弁工場も建設されました。

その意思決定過程では，「もし提携しなかったらどうなるか」が検討されました。すると2つの懸念が浮かび上がってきました。ひとつは，インバータ以外の省エネ技術に世界標準を取られてしまうことです。省エネ技術はインバータ以外もあり，当時はどの技術が標準規格になるかが分からない状況でした。もし，他の省エネ技術を持つ企業が格力と組んで中国市場に普及させたとしたら，それが世界標準になってしまい，インバータ技術の価値が暴落してしまいます[1]。

1-2 第三者の動きを予測する

もうひとつの懸念は，他の日本メーカーと提携されてしまうこと

---

1 トヨタが燃料電池自動車を普及させるために，関連特許を無償公開して仲間づくりを目指したのと同じ状況である（106ページ参照）。

です。インバータ技術を持っているのはダイキンだけではありませんでした。東芝や三菱が，中国市場を強化するために格力と提携することも考えられます[2]。そうなってしまえば，ダイキンの中国事業の望みが絶たれてしまいます。

　こうした背景から，格力と組み，中国市場のシェア拡大とインバータ技術の世界標準化を目指すことにしたのです。

2　協調先との利益獲得競争

　格力とともに価値創造することになったダイキンが併せて考えるべきことは，自社の取り分を増やすことです。格力が独自でインバータエアコンを開発できるようになれば，相手の交渉力が格段に高まってしまいます。そのため，ダイキンにとっての利益獲得の手段は，技術流出を最小限に防ぐことです。あるいは格力におけるインバータ技術の蓄積を少しでも遅らせることです。そのためにダイキンは2つの策を講じました[3]。

2-1　開示するノウハウを線引きする

　ひとつは，家庭用のインバータエアコンのみで提携したことです。ダイキンの主力製品は，より高度なインバータ技術が必要な業務用エアコンです。もともと中国市場で業務用エアコンに力を入れていた同社は，それなりのシェアを確保できていました。一方で格力は家庭用エアコンが主力でした。つまりエアコン事業では競合関

2　第2部の移動体通信業界ケース（66ページ参照）の通り楽天が新規に参入したが，サービスイン時点で全国レベルでインフラを完備できず，auと提携して電波の共有化（ローミング）を受けた。敵に塩を送るauの判断に疑問を抱

くかもしれないが，ダイキンと同じ理由である。自社が提携しなければNTTドコモかソフトバンクが提携していたからだとauは説明している。日経速報ニュース 2018/12/03。
3　大橋前掲書。

係にある 2 社ですが，主力製品ではすみ分けていたのです。家庭用エアコンで提携してインバータ技術が認知されるようになれば，業務用エアコンの販売にも弾みがつきます。

2-2 ノウハウの流出を防止する

2 つ目は，技術を開示して合弁工場で製造するのではなく，国内で製造したインバータ装置を供給することにしたのです。装置のなかはブラックボックスです[4]。もちろん，リバースエンジニアリング[5] によって技術を知られてしまいますが，完全にコピーすることは容易ではなく，また時間もかかります。

その後のダイキンの躍進はご存じの通りです。2010 年にダイキンは空調事業売上世界一を達成し[6]，それ以降も格力とともに空調業界のトップを走っています。

4　これは「中インテグラル・外モジュラー」戦略とよばれ，インテルの CPU や村田製作所の電子部品などが用いている。自社の製品自体はインテグラル方式（擦り合わせ型のこと。84 ページ参照）で製作し，組み込み先のセット製品とのインターフェイスはオープンにする。自社製品の模倣困難性を高められるとともに，供給可能なセット製品が増えるために事業が拡大

する。藤本隆宏（2004）『日本もの造り哲学』日本経済新聞社。

5　製品を分解して様々な解析を行い，設計や製造方法，構造，構成部品，動作原理などを明らかにすること。

6　石田修大（2015）『継ぐ―ダイキン工業 90 年物語』ダイキン工業株式会社。

事項索引

や

ら

人名・企業名・商品名索引

\<著者\>

坂本　雅明（さかもと　まさあき）

桜美林大学 ビジネスマネジメント学群 准教授
東京都立大学 大学院ビジネススクール 非常勤講師

　1969 年生まれ。1992 年上智大学経済学部卒業，2005 年一橋大学
大学院商学研究科経営学修士課程修了（MBA），2009 年東京工業大学
大学院イノベーションマネジメント研究科博士後期課程修了（博士（技
術経営））。一橋大学イノベーション研究センター非常勤共同研究員
（2005〜2006），東京都立大学大学院ビジネススクール非常勤講師
（2012〜），桜美林大学ビジネスマネジメント学群准教授（2020〜）。
　1992 年 NEC 入社。NEC 総研，富士ゼロックス総合教育研究所（現
パーソル総合研究所）を経て現職。民間企業に対する戦略策定支援や研
修・ワークショップも行う。2020 年より因幡電機産業株式会社社外取
締役・監査等委員。

\<主要著書\>

『事業戦略策定ガイドブック―理論と事例で学ぶ戦略策定の技術』（同文
　舘出版，2016 年）
『戦略の実行とミドルのマネジメント』（同文舘出版，2015 年）
『技術経営―技術戦略と MOT』（文成社，2006 年，分担執筆）
『バランススコアカード実践マニュアル』（中央経済社，2004 年，分担
　執筆）

2021 年 1 月 30 日　　初版発行　　　　　　　略称：戦略実践ガイド

事業戦略実践ガイドブック
ケースで学ぶ価値創造と利益獲得の方法

著　者　ⓒ　坂　本　雅　明

発行者　　　中　島　治　久

発行所　**同 文 舘 出 版 株 式 会 社**
東京都千代田区神田神保町 1-41　　〒 101-0051
営業（03）3294-1801　　　編集（03）3294-1803
振替 00100-8-42935　　http://www.dobunkan.co.jp

Printed in Japan 2021　　　　　　　　　DTP：マーリンクレイン
　　　　　　　　　　　　　　　　　　　印刷・製本：萩原印刷

ISBN978-4-495-39039-6

JCOPY〈出版者著作権管理機構 委託出版物〉
本書の無断複製は著作権法上での例外を除き禁じられています。複製され
る場合は，そのつど事前に，出版者著作権管理機構（電話 03-5244-5088，
FAX 03-5244-5089，e-mail: info@jcopy.or.jp）の許諾を得てください。

本書と ともに

事業戦略策定ガイドブック
理論と事例で学ぶ戦略策定の技術

坂本 雅明 著
A5 判変形　256 頁
定価（本体 2,500 円＋税）

戦略策定ステップごとにその検討方法と背景理論を解説した戦略策定の教科書。

全ステップを一貫したケーススタディも付属しており，インプットとアウトプットを繰り返しながら，戦略策定技術を習得できる。

同文舘出版株式会社